ちくま新書

地域再生の戦略

——「交通まちづくり」という

宇都宮浄人
Utsunomiya Kiyohito

1129

地域再生の戦略――「交通まちづくり」というアプローチ【目次】

はじめに――まちづくりの鶏と卵

「地方創生」がブームである。地方創生担当大臣というポストがつくられ、内閣府には地方創生推進室ができる。地方創生関連二法案として、「まち・ひと・仕事創生法」が成立し、「地域再生法」が改正される。国や地方では、地方創生予算が組まれる。政府としていよいよ動きだしたという感はある。

もっとも、地域再生の必要性は、かなり以前から叫ばれていた。「地域再生法」そのものは既に二〇〇五年に施行されており、世の中には、地域再生に関する書物があふれている。かつては、地方の活性化というと公共工事でハードなハコものを建設するというものだったが、この一〇年ぐらいのトレンドは、コミュニティや人とのつながりというソフトを重視したひらがなの「まちづくり」である。実際、そうしたまちづくりに携わる多彩な人々の活動や知恵も、様々な形で紹介され、我々はそこから多くを学ぶことができる。

しかし、実際に日本各地を訪れてみると、これまでの「再生」の取組みが成功しているとは必ずしもいえない。地方の衰退は深刻化しているというのが筆者の実感である。「消滅可能性都市」という言葉も流行りだが、地方都市や大都市周辺の衛星都市など、一定の人口集積があるところでの衰退ぶりは著しい。シャッター街という言葉も定着したが、かつてのシャッターは朽ち果て、駐車場や空き地になっている。

その意味では、改めて地域再生のための政策を検討・実施し、これを「地方創生」と呼ぶことに異論はない。ただ、官邸が発表する「地方創生」のビジョンや守備範囲はきわめて広い。各地域が、わが街を消滅させないために「地方創生」という名の下、短期的に効果のある事業を手当り次第行うということになると、本来手を打つべき施策ができなくなる。我々は、高齢化と人口減少という社会構造の変化を前提にしつつ、豊かで幸せな社会生活を送るために、次なる一手をしっかりと進めていかなければならない。

筆者は、これまで地方都市や大都市圏の郊外などを念頭に、まちづくりの有効なツールの一つとして、公共交通による地域再生を主張してきた。クルマに過度に依存した都市は、クルマを運転できない高齢者や若者の自由な移動を阻むだけではなく、身近な渋滞から地球規模の環境問題に至るまで、さまざまな問題を引き起こしている。これに対し、鉄道やバスなど、公共交通の質を高める欧米の新たな交通政策は、都市を変え、人々のライフスタイルを変えてきた。とりわけ、ＬＲＴ（ライトレール・トランジット）と呼ばれる路面電車を改良したシステムの導入は、そうした流れをつくるきっかけとして大きなインパクトを与えている。

一方、日本においては公共交通を重視しようという政策は、総論では一定の共感は得られても、財政的な議論になると、行政のみならず、一般の市民からもあまり賛同が得られない。ＬＲＴの導入に関していえば、本書でも触れる富山市以外、日本で実現したケースは今のところない。そして、ある程度人口が集積している都市でも、既存の鉄道やバスのサービス水準は低下し、多くの路線が廃止に追い込まれるというのが実情である。

公共交通の整備に対する最も根本的と感じられる反論をあえて一つあげるとすれば、「そもそも街に魅力がないので、公共交通が整備されても出かけない」というものがある。街に魅力がないから出かけないのか、人々が出かける手段がないから街に魅力がなくなるのか。鶏と卵である。実際に質の高い公共交通を利用してもらえればよいのだが、残念ながら社会全体を交通システムの実験場にすることができない以上、事前に明確な答えは出ない。

有識者やバランス感覚に優れた人は、そうした問題に対して次のような答えを出す。公共交通の整備も街の魅力向上も両方必要。「総力戦」という言葉が使われる。確かにそれ自体は間違いない。しかし、そのような議論をしている間に、月日が流れ、「総力」の結集ができないまま、地方都市の衰退は加速した。

懸命にまちづくりに携わる人は増えていると思うが、卵がどんどん孵化していく感じはない。高齢者のみならず、若者までが、移動手段がない、あっても使いにくい、運賃が高いという単純な理由で、家に引きこもり、無縁社会と呼ばれるような孤独な生活を送っている。「消滅」するか否かという問題の前に、社会のあり方として好ましくない状況であり、また、経済的にみても、働いたり、学んだりする人の潜在的な力を活かしきれない非効率な状態である。そして、医療費や介護費、さらには生活保護といった費用だけが無駄に嵩み、財政的にも街の屋台骨を揺るがすものなのである。

そこで、本書は、「交通まちづくり」という考え方を紹介し、交通の見直しをきっかけにまちづくりに入るという戦略を提案したいと思っている。いわば、まずは卵をたくさん産んでくれる鶏を育てようという戦略である。

交通まちづくりという言葉は、都市計画の専門家の間ではすでに知られているが、専門家の間でもその定義に幅はあるし、一般の人々には普及している言葉とは思えない。筆者は都市計画の専門家ではなく、「計画」という言葉にはむしろ疑問を持つ経済学の世界に身を置くが、やはり「市場の失敗」か「政府の失敗」かという二者択一で回答が見いだせないまま、事態を傍観するわけにはいかない。

二〇一三年一二月には、日本で初めて、交通政策の理念と方向性を示した「交通政策基本法」も施行された。制度的にも転換期に差し掛かっている。本書では、筆者の市民活動の経験も踏まえながら、地域再生にどのような道筋があるのか、交通まちづくりというキイワードを軸に読者と一緒に考えてみたいと思う。

本書の構成は以下のとおりである。まず、第一章では、地域社会の現状について、事実関係を改めて確認する。すでにさまざまな形で報じられているものも多いが、にもかかわらず事態はさらに悪化しているということを具体的な事例でみてみたい。第二章では、そうした地域の公共交通に関して、二一世紀に入り、政府が採ってきた政策と公共交通の実態を整理する。本章では、これまでの筆者の著作で触れる機会が少なかったバス交通についてもやや丁寧に論じる。第三章では、そうした中で、交通政策基本法の成立までの経緯と新しい法律の意義を考える。第四章は、交通まちづくりという概念を整理し、行政と市民との協働による新たな動きがあることを紹介する。

第五章、第六章では、そうした交通まちづくりの成果について、日本と欧州に分けて紹介する。欧州については、これまでにも個別都市の具体的な事例は多々紹介されてきたので、本書では、ドイツとフランスのデータを整理しながら、事実関係を総体として把握し、その背景の政策をさぐる。第七章では、交通まちづくりの費用対効果を整理し、第八章では、費用対効果では捉えられない要素として、ソーシャル・キャピタル（社会関係資本）という側面から交通まちづくりの効果を考えてみたい。交通が社会の「絆」とどのように関連するのかという新しい論点である。第九章では、それまでの議論を踏まえて、今後の日本の課題を整理し、地域再生に向けた筆者なりの戦略とそのための戦術をとりまとめる。

第一章 地域と交通の負のスパイラル

†立ち枯れの公共交通

二〇一二年一〇月一二日、岡山県笠岡市の井笠《いかさ》鉄道バスが、突然の事業撤退を表明した。経営の行き詰まりにともなう会社清算である。撤退期限は一〇月末。一カ月もない。日々、通勤通学や買い物、通院などで使っていたバスがなくなってしまうという事態である。

バスや鉄道の廃止は、今や日常茶飯事である。大都市圏に住んでいる者はそこまで意識していないだろうが、地方圏は都市部も含めて、路線が大きく減少した。かつてのように、路線の参入撤退に対し、行政の承認はいらず、今では、交通事業者は届け出さえすれば路線を廃止できる。とはいえ、これまで廃止のとき、事業者は事前に路線廃止を表明して、沿線住民の足をどのように確保するのか、代替手段はあるのか、行政も撤退する事業者も、一定の説明をするのがつねであった。

これに対し、井笠鉄道バスのケースは、撤退まで一カ月もなく、代替手段だ、説明だなどと悠長なことを言っている場合ではなかった。ともかく運転資金がない。従業員の給料もない。燃料費もない。会社更生法を適用することもできない経営破綻である。立ち枯れて、倒れてしまったのである。

交通は、ありとあらゆる日常活動の基盤である。それなしでは生活はなりたたない。バスや鉄道であれば、混雑などで遅れることはあっても、基本的には一定の時刻になればやってくる。朝の連続ドラマと同じように、日々の生活のリズムである。空気や水と同じように、その存在が前提で一日が進む。

今回の井笠鉄道バスは、そうした日常をあっさりと覆してしまった。通学ができなくなる。買っていた定期券は紙切れとなる。いくら、交通事業の経営が苦しいとはいえ、急にそのような現実が自らの身に降りかかるとはほとんどの人は考えていない。

こうした事態に対し、同じく岡山県でバスや路面電車を運行する両備グループが、緊急の対応を行った。破綻発表のあった一〇月一二日、グループ内に小嶋光信会長を本部長とする井笠鉄道バス路線救援対策本部を立ち上げ、行政からの代替え運行依頼に基づいた緊急の輸送を一六日には国土交通省中国運輸局岡山運輸支局に申請、傘下の中国バスでバスの車両や運転手の確保を図ることになった。

収益の見込めない路線を引き継ぐことは民間会社ではできない。そのため、とりあえず、中国バスの社内会社である井笠バスカンパニーを設立し、半年という期限を区切って、通学を中心とした従来の路線の半分程度を、受託する形で運行することになった。車両や設備等を借りたうえで、路線を熟知した井笠鉄道バスの乗務員で運行するというのである。

井笠鉄道バスに所属していた乗務員はいったん解雇された形となり、身分も安定しない。債権者の同意もすぐには得られない。何もかも課題山積みのままであったが、それでも移動手段を止めるわけにはいかない。全てのバス路線が維持できたわけではないが、緊急対応により、何とか沿線住民の生活を守ることになった。

井笠鉄道バスの倒産を受けて設立された井笠バスカンパニー

†公共交通の衰退の実態

井笠鉄道バスの廃止は予期されていなかった。両備グループの小嶋会長も、緊急声明を出した時点で、「昨年末から賞与の支払い遅延、今年になって賃金の支払い遅延、背景に一〇数億円という退職金債務の不払いなど噂がたっていたので、今年末には危ないかと思っていたが、何かあっても更生法か、何らかの再生で対策には時間があると思っていた」[1]と述べている。そこまで事態は逼迫していた。

ただ、言い換えれば、賞与の遅配程度であれば、あり得るというのが、地方の公共交通の実態かもしれない。筆者が調べただけでも、二〇〇〇年以降、経営が行き詰まり、法的整理や事業再生等に直面した乗合バス事業者は二七社になる（図表1―1）。その中には、各地域の中心的な存在であった事業者も多く、もはや個別事業者の問題ではなく、公共交通が従来のやり方では維持しえないことを示している。実際、会社自体が存続しても、路線の廃止は進んでおり、二〇〇四年度から二〇一一年度の六年間で廃止された全国のバス路線は一万一〇〇〇kmを超える。

さらに、利用者側のデータでも、地方圏の公共交通の衰退は顕著である。乗合バスの場

図表1－1　経営破綻したバス会社（2000年以降）

年	会社名	本社	形態
2001	コトデンバス	香川	民事再生法
2002	東陽バス	沖縄	民事再生法
2003	那覇交通 九州産業交通グループ いわさきコーポレーション	沖縄 熊本 鹿児島	民事再生法 産業再生機構支援 産業再生法
2004	京都交通 北都交通 箱根登山鉄道	京都 北海道 神奈川	会社更生法 民事再生法 産業再生法
2005	関東自動車 大分バス 立山黒部貫光 国際興業 宮崎交通 水間鉄道 琉球バス交通 日立電鉄バス	栃木 大分 富山 埼玉 宮崎 大阪 沖縄 茨城	産業再生機構支援 整理回収機構 産業再生法 産業再生法 産業再生機構支援 会社更生法 民事再生法 産業再生法
2006	常磐交通自動車 中国バス 全但バス	福島 広島 兵庫	特別清算 整理回収機構 経営支援要請
2007	アルピコグループ	長野	産業再生法
2008	福島交通 西肥自動車 茨城交通 琴平参宮電鉄	福島 長崎 茨城 香川	会社更生法 私的整理 民事再生法 整理回収機構
2009	岩手県北自動車	岩手	民事再生法
2010	会津乗合自動車	福島	企業再生支援機構支援
2012	井笠鉄道バス	岡山	事業清算

注）国土交通省資料等に基づき筆者作成。

合、ピークは一九六八年度であり、その後二〇〇〇年度までに既に半減しているが、二〇〇〇年度以降もさらに減少が続いた結果、二〇一一年度は、ピークからみると六割減である。（図表1―2）。

また、鉄道についても、地方鉄道の廃止は相次いでおり、二〇〇〇年以降だけで、約六七〇kmの路線が廃止となっている。これは東京から西向きに考えると、大阪をはるかに通り越し、姫路の西まで至る距離の路線がなくなったことになる。大手民鉄を除く地方鉄道というデータでみると、バブル期の一九九一年度のピークから二〇一一年度までに利用者は四分の三に減少している。（図表1―3）。

†なぜ衰退したのか

このような公共交通の衰退の背景については、すでに多くが語られているが、まずは一般論として、いくつかの要因を整理しておこう。

第一に、モータリゼーションがある。一九六〇年代高度経済成長を遂げた日本では、自家用車の普及が進み、前述のとおり、この頃をピークにバスの利用者は減り始めた。プライベートな空間で快適にドアツードアの移動ができる自家用車は、公共交通に比べて明らかに魅力的であり、自家用車の保有自体が、ある種のステータスシンボルでもあった。また、一九八〇年代後半以降になると保有台数はさらに加速し（図表1―4）、地方では、一家に一台から一人一台というペースで自家用車が浸透した。

図表1－2　乗合バス輸送人員の推移

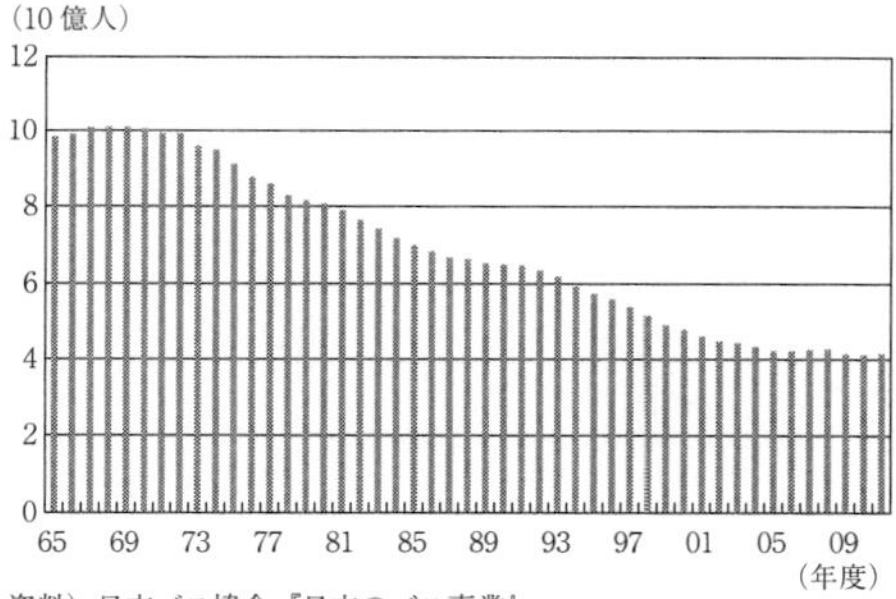

資料）日本バス協会『日本のバス事業』

図表1－3　地方鉄道輸送人員の推移

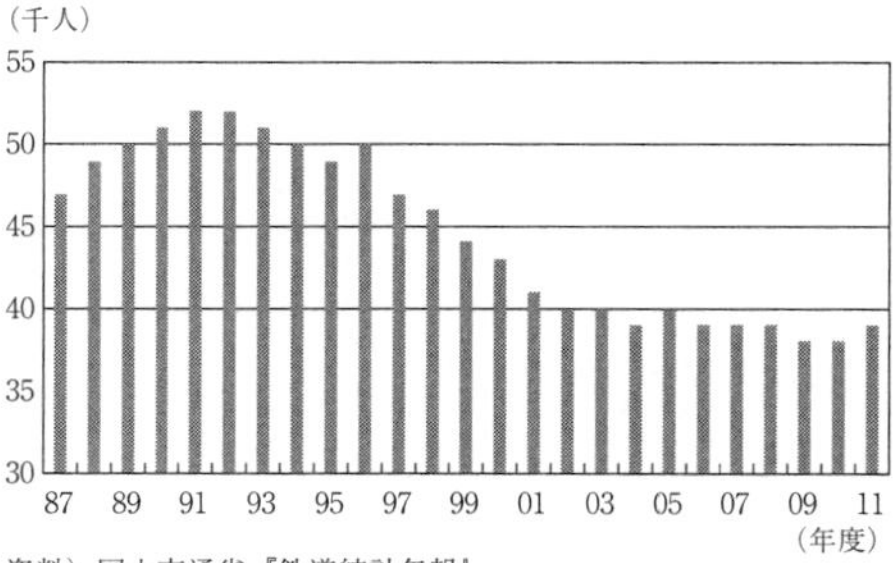

資料）国土交通省『鉄道統計年報』

第二点目は、進展したモータリゼーションに伴う都市構造そのものの変化である。自家用車が普及することで、郊外の住宅地が開発され、郊外型の店舗が登場した。これにより、一方では旧来の鉄道、バスといった公共交通が新しい土地利用とマッチしなくなり、都市

図表1－4　乗用車保有台数の推移

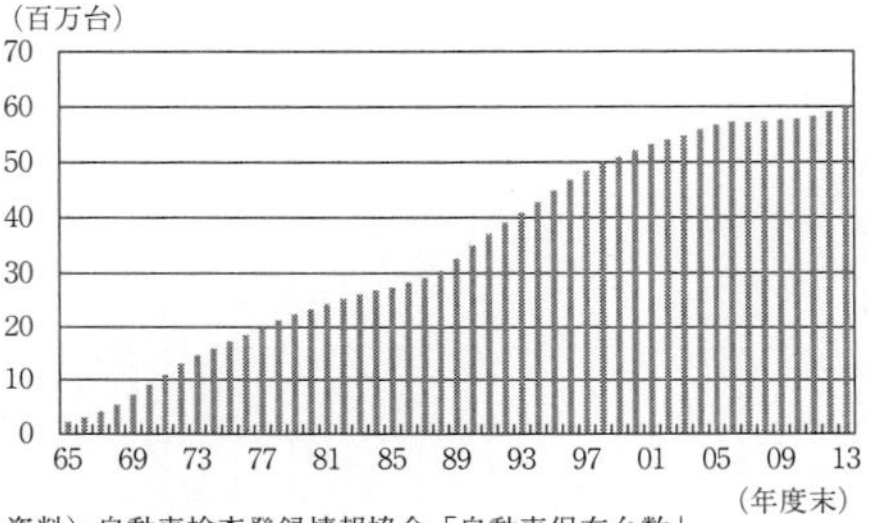

資料）自動車検査登録情報協会「自動車保有台数」

交通としての役割は限定されることになった。

第三は、そうしたモータリゼーションや都市の郊外化を加速させた政策である。自家用車の利用を前提にすると、従来の中心市街地の道路容量では、渋滞が発生し、駐車場が不足する。そのため、都市の郊外にバイパス道路を中心とした道路ネットワークを整備し、中心市街地にあった役所や病院といった公的施設を、広い駐車場が完備された「便利な」郊外に移転するという都市計画が立てられた。また、一九九〇年代半ばには、バブル崩壊後の景気低迷の中で、度重なる「総合経済対策」が打たれ、各地で公共事業としての道路建設が行われた。

第四は、沿線人口の減少である。過疎化が進む中山間地域はもとより、都市部においても、地方の場合、工場の海外移転など、地元産業の衰退に伴う雇用の減少は、数少ない通勤客の減少に拍車をかけた。また、一九九〇年代後半になって団塊ジュニア層が高等学校を卒業するようになると、通学生の減少も顕著になった。

第五は、公共交通の外部環境の問題ではなく、交通事業者そのものの問題である。いわゆる地方ローカル線の場合、「合理化」の名の下、運行頻度は減少し、無人化等が進むなど、サービスは悪化した。こうした事態を改善すべく必死で取り組む事業者もあるが、第三セクターのように半官半民の事業者の中には、危機感のない経営者の下、結果的に事態を悪化させたケースも少なくない。

第六は、そうした交通事業者の姿勢を後押しした補助金政策である。建前は独立採算でありながら、最終的には収支が合わないため、国や自治体は、結果的に生じた欠損を事実上補塡してきた。補助金が事後的に支給されれば、売上高や利益を上げるメリットは低い。銀行マンから運輸事業の経営者になった両備グループの小嶋会長の「(補助金の)仕組みが、事業者の経営改善にブレーキをかける結果となった」という指摘もうなずける。[2]

†負のスパイラルがもたらすもの

このように公共交通の衰退にはさまざまな背景があるが、地域の活性化、まちづくりという観点から、まずもって、本章では、モータリゼーションに伴う都市構造の変化と公共交通の衰退の関係に焦点を当ててみよう。

どちらが原因でどちらが結果かは、単純ではないが、現実には、負のスパイラルが発生している。すなわち、マイカー利用者の増加で、公共交通の利用者が減少すれば、路線の廃止や本数の減少で公共交通が不便になる。そうなれば、さらにマイカー利用が増え、公共交通の利用者は減る。また、マイカー利用者が増えれば、中心市街地の商店街への人出は減り、郊外の駐車場が完備された大型ショッピングセンターのほうに人は流れる。従前の鉄道やバス路線の利用価値は下がり、ますます利用者が減る。そして、さらなる路線の廃止・縮小が続くのである。

このような負のスパイラルによって、地域はどのような状態にあるのだろうか。

これもすでに多くの指摘があるとおり、都市構造という点からいえば、中心市街地の空洞化とスプロール化である。シャッター街は空き地や駐車場になり、閉鎖された大型店舗は、廃墟ビルとして壊すに壊せぬまま、街中に居座り続ける。

この点について、個別の事例を見る前に、改めてマクロデータから、事態の客観的な事実をみておこう。

小売店の動向を、経済産業省「商業統計」からみると、二人以下の家族経営の小規模商店は、一九九七年から二〇〇七年の一〇年の間に、店舗数で四割、年間販売額で五割強減少している。街の小さな商店が一つ一つシャッターを閉めていく印象は、統計上もドラスティックな数字として表れている。一方、一〇人以上の店舗は、同じ一〇年間に店舗数で三％増加しているが、年間販売額は一四％減少している。そこで、立地別にみると、一〇人以上の店舗の場合、駅周辺、市街地立地型の商店の年間販売額が、それぞれ一六％、二七％と減っているのに対し、ロードサイド立地は、一〇年間の間に四三％増加している。

店舗数では、ロードサイド立地は六六％増である。商業の中心が旧来の市街地からロードサイドに移っているというのは、全国的な姿であることが改めて確認できる。この数値は、東京や大阪といった大都市圏も含まれるので、地方圏にしぼってみれば、そうした傾向はもっと強まるであろう。

空き地も目立ち始めたシャッター街（兵庫県小野市）

†道路が存在感を放つ水戸市

地方都市の事例として、筆者が中学・高校時代を過ごした茨城県の県庁所在地、水戸市をとりあげてみよう。水戸市は、人口二六万人、徳川御三家の城下町として発展し、日本三名園の一つ、偕楽園もある地方都市である。隣接する日立市やひたちなか市が日立製作所の企業城下町であり、工業集積があるのに対し、水戸市は消費都市といった位置づけであった。そのこと自体は、今日の都市間競争では不都合な条件ではない。実際、高度経済成長期は日立市のほうが人口も多かったが、その後、水戸市が追い抜き、一九八〇年代頃まで中心市街地は活況を呈した。しかし、今では、「買い物難民」のドキュメンタリー番組の材料となり、広井良典氏の『創造的福祉社会』[3]では「街の中心部が半ば空洞化」した典型的な事例として取り上げられる。

筆者はその後水戸を離れたが、数十年を経た後、久しぶりに水戸に降り立ってみたときの印象は強烈であった。駅の南北とも、「『道路』が圧倒的な存在感」[4]を示しており、さらにかつての中心市街地（旧市街）に続く駅北の旧西武（リヴィン）の建物が廃墟のまま打ち捨てられていた。駅前から国道五〇号沿いに市街地がつながるが、近隣から若者を集めたファッションビルも廃墟となり、かつてのダイエーが入っていた八階建てのビルも、その後部分的に入ったテナントも抜けて廃墟となっていた。

さらに、中心市街地を代表する二つの町、南町と泉町の間には、旧ユニー（それ以前は東急ストア）があった場所は広い空き地となり、水戸市内で唯一残ったデパート、京成百貨店は旧伊勢甚デパートの場所に立派にあるが、その向かいの旧京成百貨店のビルは、これまた使われないまま放置されていた。あの小澤征爾が館長を務める水戸芸術館と京成デパートの間に、汚れた白いビルが居座っていたのである。以前大型店があったところだけをざっと述べたが、途中の駐車場や空き地、シャッター商店を数えるときりがない。何よりも驚いたのは、中心市街地を歩く人がほとんどいなかったことである。

道路が圧倒する水戸駅前。西武（リヴィン）跡は更地になった

閉店から８年経ったファッションビル「サントピア」は今なお廃墟として水戸の目抜き通りに立つ

その後、少しずつ廃墟が取り壊され、再開発が始まっている。閑散としているとはいえ、お洒落なお店、レストランも少しは息を吹き返しつつあるようにもみえる。水戸駅自体は、交通結節点ということもあって利用者も多く、駅構内の商店はそれなりに賑わいをみせている。しかし、多くの市民にとって、郊外のショッピングセンターに自家用車で買い物に出かけるライフスタイルは変わっていない。広範に道路は整備され、ロードサイド店と住宅地が茫洋と広がっている。

†中心市街地再生とTMO

このような実情に対し、行政は手を打ってこなかったかといえば、そうではない。中心市街地の衰退は、バブル崩壊後の一九九〇年代にはすでに認識され始め、一九九八年には中心市街地活性化法（中心市街地の活性化に関する法律）も施行されている。都市計画法の改正、大店立地法（大規模小売店舗立地法）とあわせ、まちづくり三法と呼ばれた。水戸市も、一九九九年に「中心市街地活性化計画」をとりまとめて、水戸商工会議所をTMO構想推進事業者として認定し、すでに二〇〇一年には「水戸TMO構想」を策定した。TMOという言葉も最近は聞かれないが、これは「タウン・マネジメント・オーガニゼーション」のことである。

「水戸TMO構想」は、水戸の中心市街地を四つにわけ、駅前が「迎える文化の顔をもつ街」、続いて「くつろぐ文化の顔をもつ街」「楽しむ文化の顔をもつ街」「もてなす文化の顔をもつ街」という基本方針の下、さらに具体的な構想を描いた。「人・まちにやさしい事業」「回遊性強化事業」など、今も語られる言葉が並んでいる。新聞によると、水戸商工会議所が二年間、地元の合意に取り組んだということなので、担当された方は、本気で取り組んでいたに違いない。[5]

しかし、一〇年経ち、一五年経った今、「顔」はますます見えなくなり、街行く人は減り続けている。まちづくりが容易なものではない以上、こうした試みが浅はかだったなどというつもりはない。ただ、その当時、市民の多くは、中心市街地の「顔」づくりよりも、郊外の広い一戸建てに住み、マイカーで自由に移動しながら、アメリカ映画に出てくるような巨大な郊外のショッピングセンターで買い物をするというライフスタイルを求めていたように思う。

水戸市に関していえば、致命的だったのは、「中心市街地活性化法」に基づく中心市街地活性化計画を出した一九九九年、皮肉にも、水戸城址にあった県庁を水戸駅からバスで二〇分程度の郊外に移転したことである。

しかし、これとて、多くの県民が自動車を使うのであれば、高速道路のインターチェンジから一〇分の所に位置し、駐車場も完備された郊外の県庁はむしろ使い勝手がよいということもできる。出来上がった二五階建ての県庁舎は、日本建設業連合会が優れた建築物に贈るBCS賞を受賞しており、水戸市民、茨城県民の誇りかもしれない。これこそが新しい街の「顔」であり、それは、中心市街地にある必要はないという考え方もある。

このような経緯を振り返ると、現在の中心市街地の衰退、自家用車に頼らざるを得ない地方都市の生活は、何か不可抗力によって強いられたものというよりも、むしろ時代の流れの中で、それなりに市民が望み、行政もそうした市民の声を反映して進めた計画が結実したものともいえる。また、商店街でビジネスを行う人々自身もそこまで中心市街地の衰退を深刻に受け取っていなかったのかもしれない。

†危機の本質

以上のような事情は、水戸市に限らず、日本中の地方都市にある程度共通しているのではないだろうか。今日の問題は、現象としては中心市街地の空洞化と都市のスプロール化であるが、外見的な事実以上に本質的な点は、多くの人が、これまでの時代の流れに身をゆだね、交通や都市のあり方にさほど問題を感じていないということである。

中心市街地に空き店舗が増え、歯抜けになり、廃墟のビルがいつまでも居座っていたとしても、とりあえず、子供が通学に使う公共交通機関さえあれば、あとは、自家用車で買い物から仕事まで済んでしまう。買いたいものがない昔ながらの商店街に比べれば、郊外のショッピングセンターは、品数も多く洗練されている。環境問題などという高邁な話は、現実の中で打ち消されてしまう。むしろ、よそ者がうっかりしたことをいえば、地方の現実を知らないと批判されかねない。

商店街の側も、節税のためにシャッターを閉めた店を所有しているとか、自らは商いを行わず不動産のオーナーだったりすると、とりあえず生計は成り立つ。それまでの商店街にはないパチンコ店や風俗店がテナントとして入りこんだとしても、背に腹は替えられないということなのかもしれない。

一方、行政側は、一般論としての中心市街地問題を認識し、構想は繰り返し描きつつも、権利関係一つ解決できないまま「難しい」問題として、抜本的な手を打てないでいた。二〇〇六年には、中心市街地活性化法など、まちづくり三法の改正があり、郊外における大型小売店などの大規模集客施設の出店規制と、コンパクトシティの形成が志向されるようになった。しかし、改正法の下、コンパクトシティを目ざして中心市街地活性化計画の認可を受けた都市でみても、その後流れが変わったという例は少ない。内閣府によると、二〇〇五年から二〇一〇年にかけて、中心市街地（ここではＤＩＤ）の人口密度変化率が一〇年前の変化率よりも改善したケースは四割弱に止まっている。[6]

住民が望んでいないのであれば、行政は成果が出せない。ましてや、公共交通の整備になると、基本的に民間事業者が独自に運営している。行政は、事後的な欠損の補塡を行うことはあっても、これからのまちづくりの方向性に、公共交通事業者を誘導できるわけではない。

しかしながら、急速な高齢化という時代の大きな変化の中で、既にあちこちでほころびが生じている。山間の村落ではなく、先にみた水戸市のような県庁所在地でも、中心市街地を含むいわゆる旧市街からスーパーマーケットがなくなり、自家用車を運転できない「買い物難民」が現実となっている。公共交通での移動ができなくなると、医者にも行けない。松葉杖をつきながら、自らの運転で整形外科に通院するという笑えない現実もある。

実際、日本の場合、交通事故死者数に占める高齢者の割合は非常に高く、死亡者計の半数に達する。[7] 歩行者として高齢者が犠牲になるケースも多いが、高齢者自身がクルマに頼らざるを得ないため、加害者として事故を起こすケースも増えている。これは、同じように高齢化が進むドイツにおける高齢者の死亡率とは大きな違いである。

「買い物難民」や高齢者の問題だけではない。街に活気を与えるはずの若者が街に出かけなくなっている。先にとりあげた水戸市では、二〇一二年二月に「スマートまちづくりフォーラム」が開催され、筆者はパネルディスカッションをコーディネートする立場として参加した。当初は、「高齢者の引きこもり」をテーマの一つとして考えていたが、パネラーの大学院生（茨城大学大学院）から出たのは、「若者の引きこもり」であった。

水戸市の場合、茨城大学のメインキャンパスが旧市街の北西端にある。中心市街地まではバスで一〇分余りにあり、決して中心市街地は遠くない。しかし、街に出ても買い物ができないのであれば、学生は、自宅や下宿近くでこぢんまりと生活するしかない。自家用車を買う余裕がないため、郊外のショッピングセンターにも行けない。市内からバスで三〇分余りのところに大規模なショッピングセンターがあるが、そこに行くには片道だけで五〇〇円以上の交通費がかかってしまう。インターネットのショッピングができる今日、若者は引きこもってしまうというのである。

†負のスパイラルを変えるために

まちづくりは一朝一夕で変化するものではない。現状維持でも、とりあえず何とかなっているようにみえる。しかも、今のままで自家用車の利用をいきなり抑えこむことはできない。論者にもよるが、筆者は、生活水準の低下を強いてでも自家用車の利用を規制することには賛成し兼ねる。個々人の動機づけ（インセンティブ）に沿わないしくみは持続できないからである。

そこで、都市のスプロール化、過度な自家用車依存、公共交通の衰退という三位一体の悪循環を断つきっかけとして、まず、公共交通の再生から始めるという考え方が出てくる。それが「交通まちづくり」である。

公共交通が利用しやすくなれば、高齢者が自家用車に頼らずに移動ができることになるのはもちろん、若者やそれ以外の人々も自家用車以外の選択肢を持つことができる。郊外での買い物もいいが、時には街中でお酒を飲むのもいいだろう。日用品は郊外で買いだめしても、お洒落なグッズは、街中にきらりと光る個人商店で見いだすことができるかもしれない。アイディアや意欲ある若者が街中で活躍できるようになれば、商業的にも文化面でも都市の魅力は高まる。

全市民がいきなり街中に来る必要はない。これまで閉じこもっていた人の一部が、郊外で自家用車に頼っていた人の一部が、ライフスタイルを変化させるきっかけを持てば、流れは変わる。そうなれば、郊外の開発だけではなく、公共交通を中心とした中心市街地の活性化にもつながる。それは、スプロール化に伴い膨張していた都市の財政支出を抑え、一方で、中心市街地からの固定資産税などの税収増につながることにもなる。

むろん、突然、バスが運行を停止する現代である。公共交通の再生ということもきわめて難しい課題である。しかし、これはやり方次第でできないものではない。欧州ではそうした課題を克服してきており、日本でも動きは出始めている。政府の交通政策は紆余曲折を経てきたが、交通政策基本法が制定され、コンパクトシティ戦略が政府によって策定されるようになった。交通まちづくりが政策的にも指向される時代になっているのである。

次章以降では、こうした点をやや詳しく紐解いていこうと思う。

第二章　政策の模索

公共交通の危機は、今に始まったわけではない。とりわけ地方鉄道の赤字問題は、一九八〇年代の国鉄の累積債務問題が深刻化する頃からしばしば取り上げられ、実際、多くのいわゆる「赤字ローカル線」が廃止されていった。

廃止を免れた路線のうち、少なからぬ路線は、地元自治体が出資する第三セクター鉄道として再出発したが、それらの鉄道も徐々に行き詰まりをみせた。また、バス事業についても、一九九〇年代から、路線の廃止、経費削減のための分社化などが大規模に行われ、サービス水準は大幅に低下していった。国の補助の下、地方自治体とバス会社の協力でバス路線の再編を盛り込んだオムニバスタウン事業も始まったが、指定された都市は限られ、二〇〇〇年以降になると、バス会社の経営の行き詰まりが表面化した。

こうした状況の下、二〇〇〇年前後から、日本の交通政策も新たな方向を模索するようになった。

†規制緩和の流れ

この時期の公共交通をめぐる大きな動きは、規制緩和がある。運輸事業は世界各国とも、政府の厳格な規制を受けてきた。しかし、規制を受けることで、組織が非効率となり、産業としての活力が失われていった。一九七〇年代ごろから、経済学的にも、従来の規制政策の根拠を覆す理論が登場し[1]、運輸事業に対しても大胆な規制緩和が実践されるようになった。

そうした中で、とりわけ、航空業界では大きな変化があった。七〇年代までは、ナショナルフラッグキャリアと呼ばれる航空会社が市場を分かち合う状態だったが、規制緩和により新規参入会社が登場、市場が広がる一方、価格の引き下げ競争が続き、高コスト体質の既存航空会社の経営をも揺るがした。世界を代表するエアラインと言われたパンアメリカン航空が規制緩和による競争の中で、破産するのは一九九一年である。

地域の公益事業として守られてきた鉄道やバスも規制緩和の対象となった。日本の場合、国鉄民営化が一定の成果を収め、鉄道事業のサービス水準が国鉄時代より目に見えて改善される中、最終欠損が事後的に補填される運輸事業者には厳しい目が注がれた。先に述べたとおり、公共交通の衰退の背景には、「補助金漬け」の事業者自身にも責任がないとはいえなかった。従来のままでは、新たな交通サービスを提供しようという革新的な発想は芽生えないのではないか、それが公共交通の衰退を加速させているのではないか、という問題意識と、経済全般の規制緩和を主導する論調が、鉄道やバスの規制緩和の議論につながっていったのである。

一九九六年、当時の運輸省は、運輸事業における「需給調整規制の廃止」を打ち出し、新規参入と競争の促進が図られることになった。二〇〇〇年三月には鉄道事業法が改正され、鉄道事業における需給調整規制の撤廃や運賃規制の緩和が実行された。また、鉄道事業者の退出にあたっても、それまでの認可制から届出制となった。同様にバス事業に関しても、道路運送法が改正され、二〇〇〇年二月に貸切バス、二〇〇二年二月に乗合バスにおいて、市場への参入・退出が認可制から届出制になった。

†規制緩和はどのような影響を与えたのか

規制緩和は、競争の促進によってサービス水準を高める一方、非効率な事業者を市場から退出させることで、運輸事業を活性化させようとするものだった。しかし、規制緩和に対しては、批判的な議論も多く、研究者の間でもその功罪に対する判断は分かれるところとなった。

規制緩和の議論に関しては混乱が多いので、まず、経済的規制と社会的規制を分ける必要があるということを確認しておこう。経済学者を中心に主張され、現に実施されてきた規制緩和は、需要と供給に対する公的な介入を最小化しようというものである。これは経済的規制の緩和に当たる。

一方、公共交通でいえば安全性など、品質は確実に担保しなければならない。このため、公的当局が一定の監視を行い、場合によっては処罰も行う。こうした規制は社会的規制と言われる。規制を効果的に実施すべきという議論はあっても、社会的規制そのものが不要だという考え方はない。両者に関連がないわけではないが、例えば、規制緩和が安全性を犠牲にしたという類の議論は、両者を混同していることになる。

それでは、需給調整に対する経済的規制の緩和に問題がないかといえば、やはり議論は分かれる。民間会社の届出で路線が廃止できるため、地元協議の場など相応の手続きは必要であるものの、公共交通の衰退に拍車がかかったという感は否めない。一九九〇年代以前も鉄道路線の廃止は少なくなかったが、第一章でも述べたとおり、二〇〇〇年以降に路線廃止は加速した。鉄道事業法の改正が鉄道路線の廃止を後押ししたことは事実であろう。

もっとも、廃線となった事例を個々にみると、規制緩和なかりせば公共交通として存続していたかというと、そうとも言い切れない。規制緩和は廃止に向けたトリガー（引き金）にはなったかもしれないが、事業者側の都合だけで路線が廃止になったわけではない。地元住民の多くが、鉄道の廃止に強く反対したわけではなく、「やむを得ない」ものとして容認したケースがほとんどなのである。

乗合バスの場合についていえば、収支が合わない生活路線のうち、単一の市町村内の路線の場合は、国からの補助は削られたが、その分地方自治体レベルの補助金が増額され、路線維持が図られるケースが多かった。個別事例のなかには、岡山市のように、運賃の引下げ競争や競合路線の新設による消耗戦となり、結果的に、利用客の少ない路線が減便になるということもあった。ただ、乗合バスの規制緩和がそのような不毛な競争をもたらしたケースは、全体でみるとさほど多くない。

乗合バスに対して全国的に影響を与えたのは、貸切バスの規制緩和による「ツアーバス」の登場であるが、これも、社会的規制も含めた規制基準自体がダブルスタンダードであったところに問題があった。「ツアーバス」は、規制基準が乗合バスと異なり、コスト面で安価な設定が可能であり、従来の「高速バス」の都市間路線の利用者を奪い、乗合バス事業者の収益を大きく悪化させることになったのである。しかも、「ツアーバス」については、安全基準など本来守られるべき社会的規制を順守しない事業者も存在した。これは規制緩和以前の問題である。

二〇一二年春、ディズニーランドに向かう若者七名が犠牲になった関越自動車道の「ツアーバス」の事故でこの問題が大きくクローズアップされた。こうした痛ましい犠牲を経た後であるが、二〇一三年八月より法律が改正され、従来の「ツアーバス」は規制強化のうえ乗合バスに一本化されるとともに、そうした規制のためにコストが見合わなくなる小さな事業者は廃業することとなった。

†一〇〇円バスブーム

二〇〇二年の需給調整規制の撤廃によって、バス業界が急変したとはいえないが、一連の規制緩和に向けた議論が、一九九〇年代からバス事業者や自治体に従来にない新たな施策を模索させることになったことは事実である。そうした中で、注目されたのが、一九九五年の東京都武蔵野市のムーバスを嚆矢として普及した「一〇〇円バス」(ワンコインバス)である。

市内を循環する100円バス(京都市)

「一〇〇円バス」というと、今では自治体が補助、あるいは自治体自身が運営するコミュニティバスのイメージが強いかもしれない。実際、ムーバスは、コミュニティバスの先駆けとも言われるが、初期の頃は、事業者が経営戦略として実施した「一〇〇円バス」も多かった。

この中でも、とりわけ注目を集めた施策は、一九九八年、西鉄バスが福岡市のJR博多駅と市内の中心、天神の間の運賃を一〇〇円に引下げたことである。西鉄バスの場合、外部からの補助はなく自前の施策であり、潜在的な利用客の多いJR駅と中心市街地を値下げすることで、むしろ売

図表2-1　100円バス導入の影響

	利用者数						事業者の収益	
	高齢者	学生	その他一般客	通勤通学時間帯	平日昼間	休日	当該区間収入	当該区間利益
増えた	6	1	3	2	4	3	3	5
やや増えた	12	7	20	10	11	7	3	2
変わらない	11	18	4	14	12	13	4	7
やや減った	0	1	2	1	1	3	10	7
減った	0	0	0	0	0	0	7	7
回答社数計	29	27	29	27	28	26	27	28
DI	42	15	41	24	32	19	−28	−16

注）DI＝(「増えた」回答の割合〈%〉)＋(「やや増えた」回答の割合〈%〉)×0.5−(「やや減った」回答の割合〈%〉)×0.5−(「減った」回答の割合〈%〉)
資料）宇都宮ほか（2005）「100円バス導入の実態と効果」

上高を伸ばすことに成功した。こうした動きが、利用者の減少に悩むバス会社には、新たな戦略として受け入れられ、地方都市を中心に、駅前から中心市街地までの短区間の初乗り運賃を一〇〇円に引下げる事業者が相次いだ。バス会社の中には、商工会議所からの補助があったり、自治体からの補助が出たりするケースもあったが、これらは自治体が主導で運行するコミュニティバスとはやや異なる。この点は後述する。

筆者らは、このような「一〇〇円バス」の導入が進んだ二〇〇四年に、一〇〇円バスを運行する民間の乗合バス事業者にアンケート調査を行ったことがある。そのときの結果をみると、当時のバス事業者の模索が浮かびあがる。[2]

まず、事業者にもよるが、運賃の引下げ自体は、全体としてみれば、それなりに利用者増をもたらしていることが確認できる（図表2―1）。特に、高齢者や平日の人出の増加につながっているという答えが多かった。もっとも、運賃の引下げ分を上回る利用者増がなければ、事業者の収入は増加しない。この点について、半数以上の事業者が収入、利益ともに「やや減った」、「減った」と答えている。

実際、その後の燃料価格の上昇もあって、一旦は一〇〇円にしたものの、運賃を再度引上げたケースも少なくない。事業者主導の一〇〇円バスは、これまでバス利用を敬遠していた潜在需要を部分的に取り込むことに成功したが、バスの事業経営という面からみると、収入面からは大半のケースが期待通りにいかなかったというのが実態であろう。

規制緩和をきっかけに、企業としての体力をつけなければならないという意識が高まった可能性は考えられるが、バス事業者のコスト構造に規制緩和前後で変化がなかったことも実証されている。[3] 結局、規制緩和は一部で混乱をもたらしたが、地域公共交通の衰退の根本にあるわけでもないし、逆にそうした衰退を救い、公共交通事業を再生させるものでもなかった。

†公共交通は「社会的インフラ」

一方、二〇〇〇年代になると、公共交通を従来のように民間事業者任せにするのではなく、行政や住民も含めた地域全体の政策として取り組もうという動きも出てきた。

鉄道では、全体としては廃線が相次いだが、廃止予定だった富山県高岡市の加越能鉄道万葉線が、地元の自治体と市民が一体となった存続運動により、万葉線株式会社として二〇〇二年に再スタートした[4]。また、同じく北陸の福井県では、二度の事故から運行停止となっていた京福電鉄の路線が、これも福井県の全面的なバックアップと地元市民の力で、えちぜん鉄道として二〇〇三年に運行を再開した。さらに、二〇〇三年に近畿日本鉄道から三岐《さんぎ》鉄道に事業が移された三重県の北勢線では、沿線自治体が用地を保有し、それ以外の施設を鉄道事業者が保有しながら運行する「上下分離」[5]が行われ、その後の地方鉄道の「上下分離」の先駆けとなった。

こうした動きと並行して、二〇〇二年四月に、国土交通省鉄道局長の検討会として「地方鉄道問題に関する検討会」が設置され、一年かけて地方鉄道のあり方が議論された。そこでの報告書「地方鉄道復活のためのシナリオ――鉄道事業者の自助努力と国・地方の適切な関与」では、今後の地方鉄道の在り方の「基本的な考え方」として、次の四点をあげている。それは①地方鉄道は地域の基礎的な社会的インフラであり、地域が一丸となって支えるという視点が極めて重要、②地方中核都市においては「都市の装置」として活用、③輸送需要が少なく採算の確保が相当困難な地方鉄道の存続の是非については地域において判断、④鉄道事業者の自助努力と国・地方の適切な関与、である。

つまり、この頃には、地方鉄道が「社会的インフラ」、「都市の装置」として位置づけられ、国と地方の適切な関与がキイワードとなったのである。報告書では、「鉄道事業者自身が自立的な経営を目指すという観点と、ヨーロッパの鉄道事情に近い考え方、すなわち、輸送密度が小さな地方鉄道を維持していくためには公的負担が不可欠とする観点を両立していく必要がある」とも述べている。

さらにこの時期、地方都市の交通機関として、新交通システムであるLRT（ライトレール・トランジット）やBRT（バス・ラピッド・トランジット）が各方面で注目されるようになってきた。LRTは次世代型路面電車と訳されるが、単に路面電車の車両を新しくしたものではなく、バリアフリーで他の交通モードとの連続性を担保し、専用の走行路を基本とする新しい中量輸送システムである。同様に、BRTも単にバスを連接車にして輸送力を高めただけではなく、やはり専用の走行路を基本的に確保しつつ、従来のバスにない速達性と定時性を有する交通システムである。

二〇〇六年には、富山市でJR富山港線をLRT化した富山ライトレールが開業し、注目を集めた。そこで、既存の地方鉄道の再生に加え、LRTやBRT、その他、海運等も含めた地域公共交通の整備に関して、国として制度化し、より明確な補助事業を立ち上げた法律が、二〇〇七年の「地域公共交通の活性化および再生に関する法律（以下、地域公共交通活性化・再生法）」である。

新法の下では、従来、交通バリアフリー法に基づく「移動円滑化」といった補助で担われたコミュニティバスの支援も、二〇〇八年度から「地域公共交通活性化・再生事業」として再編された。また、民間事業者が担っていた地域公共交通の活性化と再生を、行政や地域住民と一体となって包括的に行おうという流れができた。このほか、新法成立により、後述する富山市における路面電車の環状線事業が、軌道事業として初めて「上下分離」方式で実現した。

このように二〇〇〇年代には新たな取組みが始まったが、現実には、鉄道やバスの廃線は続いた。富山市の後のLRT導入も実現していない。BRTについては、鉄道の廃線跡などをバス専用レーンとした交通システムはできたが、地域公共交通活性化・再生事業が当初目指していた都市の基幹交通としてのＢＲＴはみられない。連接バスを導入しただけでＢＲＴと呼ぶケースもあるが、これは少なくとも海外におけるＢＲＴとは似て非なる交通システムである。そうした中、唯一、拡がりをみせたのはコミュニティバスぐらいかもしれない。

†コミュニティバスの拡がりと限界

コミュニティバスについて、厳密に定義があるわけではないが、実態に照らした最大公約数の定義としては、「市町村が何らかの形で関わり」「既存の交通機関で対応できなかった小規模需要をカバーし」「何らかの財政支援を背景とし」「社会的なサービスと位置付けられた」乗合バスサービスという、鈴木文彦氏の整理が妥当であろう。[6]

その定義に従えば、武蔵野市のムーバス以前にもそうしたバスが存在したが、ムーバスの成功を機に特に地方自治体が、これを見習う形で、コミュニティバスを導入した。事業者主導によるワンコインバスは一九九八年が導入のピークであったが、自治体主導のコミュニティバスは、その後全国に広がり、厳密な数値は把握できないほどである。やや古い

利用者の伸悩み等から廃止された大阪市のコミュニティバス「赤バス」

シャッターが目立つ商店街を行くコミュニティバス（富山県・高岡市）

データではあるが、豊田都市交通研究所によると、二〇〇八年（一〇～一一月）時点で自治体に対するアンケートで回収できたコミュニティバス（回収率六割）の数は全体で一〇三一、その六割は二〇〇二年以降に導入されている。[7]

コミュニティバスには、いくつかの特徴があるが、先の定義にもあるとおり、「既存の交通機関で対応できなかった小規模需要」を掘り起こした点は、衰退する公共交通に対して、一石を投じることになった。特に、民間事業者の路線撤退によって、公共交通空白地域となり、住民が自家用車に頼らざるを得なくなった地域で、公共交通によるサービスを再開させた意義は大きい。その意味では、コミュニティバスは公共交通衰退期における一つのイノベーションではあった。ちなみに、先の豊田都市交通研究所の報告書では、コミュニティバスの導入目的の一位は「交通空白地域の解消」(五九%)、二位が「既存路線バス(鉄道)の廃止代替」(三九%)となっている。

また、地域の交通というものが、「社会サービス」であり、「市町村が何らかの形で関わ」るという考え方をもたらした点でも、民間事業者が全てを担ってきた日本の公共交通に対する一般常識を覆すことになった。この点は、先の調査の導入目的の三位が「高齢者福祉」(三七%)であることからもうかがえる。

もっとも、漠然と「市町村が何らかの形で関わり」、「何らかの財政支援を背景とし」たところに、コミュニティバスの限界もあった。ムーバスの成功の秘訣は事前の詳細なマーケッティング・リサーチであったと言われるが、その後広がったコミュニティバスは、ともすると、そうした観点が疎かになりがちだった。

典型的には、役所や公的病院などを一つ一つ迂回し、地元の利害関係にも配慮して路線を決定したため、使い勝手が悪く、ほとんど利用されないようなケースである。また、既存の路線バスと競合するような路線設定で、利用者を奪い合うという事態も発生した。

このほか、市町村という基礎自治体が主導する結果、あくまで行政区域内の路線にとどまり、住民の移動需要とは異なった路線になる場合もあった。たとえば、最寄りの駅や商店街が別の行政区域であるならば、行政区域を越えないコミュニティバスの利用価値は低い。豊田都市交通研究所の調査では、回答のあった自治体のうち、コミュニティバスを運行しているのは約六割であり、そのうちコミュニティバスを廃止したことがある自治体は一四%であった。その主な理由は、「利用者が少なく財政的に厳しい」が最も多く、地域公共交通をどの程度財政面から支えていくのか、どの程度の利用者であれば支えられるのか、試行錯誤が続いている。

今や数えきれないほどコミュニティバスの試みが展開されている。住民主導という形も増えてきたが、従来の市町村主導の取組みで成功しているケースは少ないように思われる。一九九〇年代後半以降、行政は従来にない交通政策を模索し、変化をもたらそうとしたが、それがしっかりとしたものにならないまま、地域公共交通と地域社会の衰退が進んだのである。

第三章　「基本法」の成立

二〇〇〇年頃から、地域における公共交通を、事業者任せにするのではなく、行政と住民も一体になって取り組まなければならないという意識が芽生えてきた。それぞれの主体が、新たな交通のあり方を求めて模索を開始した。また、地方都市の中心市街地が空洞化する中で、市民ホールや美術館といったハコモノを建設するのではなく、さまざまなイベントを催したり、コミュニティの再生事業を起こしたりすることで、まちづくりを進めようという動きも拡大した。

しかしながら、容赦なく高齢化・人口減少が進む中、地域の衰退が改善に向かい始めたとはいえない。その理由の一つが交通政策である。従来、交通の問題は断片的な対策に止まり、まちづくりと一体のものとして交通政策が取り組まれていないという事情があった。こうした問題意識の下で、二〇〇九年以降、本格的な議論が始まったのが、交通に関する「基本法」の制定である。

†なぜ基本法か

交通に関して、日本にもいろいろな法律がある。交通は、安全規制などかなり厳格な社会的規制が必要なため、鉄道事業法や道路運送法においてそれぞれの事業が規定されている。

具体的な内容についても詳細な法律がある。公的に整備してきた道路については、道路そのものを管理するための道路法がある一方、公安委員会では、道路交通法を定め、道路交通の安全や円滑な走行のための規定を設けている。さらに、交通安全という点では、道路交通のみならず、広く交通安全に関する制度の確立、交通安全計画の策定のための基本法として、交通安全対策基本法が既に存在している。また、時代の変化に応じて、交通バリアフリー法のような、福祉政策的な観点を取り入れた法律も登場している。

しかし、これらは、交通事業の規定、交通インフラとしての道路の管理、あるいは交通安全の法律といった具合で、基本的には縦割りのままの制度であることに変わりはない。

一方、まちづくりという観点から交通を政策的に位置づけるためには、都市計画との関係が不可分である。日本においては、都市計画法があり、そのための道路整備に関して、都市計画法に基づく「都市の基盤的施設」として都市計画道路も定められている。

しかしここでも、都市計画の中に公共交通事業のあり方自体は考慮されていない。都市モノレール等の軌道を道路に敷設する場合に、都市高速鉄道として都市計画に盛り込むべきといったことが運用指針に示されている程度である。そうした背景には、日本の場合、公共交通が民間事業者によって運営されており、さらに、大都市圏では、鉄道会社自身が不動産デベロッパーとして沿線開発を行い、街をつくってきたという経緯がある。

また、持続可能な都市という視点では、環境問題は切っても切り離すことができないが、交通関連の法律には、環境との関連も含めた政策の方向性は示されていなかった。公共交通の利用促進などを織り込んだ「都市の低炭素化の促進に関する法律（エコまち法）」が施行されるのは二〇一二年一二月である。

このように、交通に関する縦割り行政と法制度は、交通事業が民間事業として成立し、行政が監視役であった時代の産物である。制度的に交通政策の基本的な方向性を定めるものはなかったといっても過言ではない。そのため、幅広い視点から、総合的な交通政策を行うためには、交通に関する基本法が必要であるという認識が高まっていったのである。

†「交通権」「移動権」という考え方を形に

交通に関する基本法の必要性は、一九八〇年代から、研究者の間では議論が行われていた。とりわけ、一九八二年に制定されたフランスの「国内交通基本法」(LOTI、Loi d'orientation des transports intérieurs de 1982)において、「交通に関する権利」(droit au transport、以下、交通権)という概念が盛り込まれたこともあって、日本においてもこうした考え方を適用しようという動きが、学会レベルであった[1]。

「交通権」については、論者によってその意味づけが異なるが、「国内交通基本法」では第一条で、「移動手段を選ぶ自由、並びに輸送を自身で実行し又はある機関若しくは企業に依頼する権利」が謳われ、第二条では、交通権の尊重を前提とした交通政策の施行について定めていた。たとえば、移動制約者、島嶼部や都市から離れた地域など交通の便の悪い地域の住民に対して、その状況に応じた特別な施策を講じる旨も明記されていた。

ただし、第二条においては、「交通に関する権利の漸進的な実施は、利用者がアクセス、質、料金、共同体にとってのコストという点で合理的条件の下で」という文言もある。「交通権」がきわめて重要である一方、「合理的な条件の下」での「漸進的な」権利であるという点を留意しないと、「交通権」に対する過大な期待を生んだり、逆に強い反発を招くことになる。

このような「交通権」を「移動権」と呼んで、交通基本法を制定しようという動きは、野党であった民主党・社会民主党の議員立法から始まり、最初の法案は二〇〇一年、国会に提出された。もっとも、当時の政治情勢においては成立の見込みはなく、再度二〇〇六年にも地方分権などを盛り込んだ修正法案を提出しているが、そのまま廃案となった。

ただし、交通に関する基本理念を整理すべきであり、法制化も必要であるという考え方は、決して野党の気儘な動きというわけでもなかった。「交通権」あるいは「移動権」という言葉の是非はともかく、交通、とりわけ人々の生活に不可欠な公共交通が次々と廃止されていく事態に対して、行政としても目先の対策ではなく、大きな方向性を打ち出すべきという流れにあった。国土交通省では、内々、フランスの国内交通基本法やイギリスの二〇〇〇年交通法（Transport Act 2000）の勉強を開始し、新たな制度構築の理論武装を始めていた。

二〇〇九年九月に自民党首班から民主党首班の政権交代が起こると、二〇〇九年一〇月、国土交通省の辻元副大臣（当時）が記者会見で交通基本法の制定に意欲を示し、一一月には前原大臣（当時）出席の下、交通基本法検討会が始まった。このとき、民主党は野党時代の法案を再提出するのではなく、一から交通について基本的理念を整理し、法制化しようとした。そして、超党派の新交通システム推進議員連盟も、交通基本法の成立に向けて前向きな勉強を開始した。

交通基本法の策定にあたっては、交通基本法検討会を進めつつ、二〇一〇年二月から三月にかけて、パブリックコメントが募集され、まず、二〇一〇年三月に「交通基本法の制定と関連施策の充実に向けて――中間整理――」が公表された。その後、「中間整理」に対して、改めて二回目のパブリックコメントの募集がなされ、「基本的な考え方」が公表されたという経緯がある。

ちなみに、最初に実施されたパブリックコメントでは三六一件の意見提出があり、三三五四件が交通基本法の制定に肯定的な意見であった。その後の「中間整理」に対するパブリックコメントでは、提出意見が二〇八件に減り、賛成四〇件、反対一五件と、比率だけみると賛成が減った印象があるが、一五二件は、賛成・反対というものではなく、「その他施策的な意見」であった。

こうして、二〇一〇年六月に発表された「交通基本法の制定と関連施策の充実に向けた基本的な考え方（案）」（以下、「基本的な考え方」）をみると、公共交通のあり方について、大きく舵を切り替えようとしていたことが窺える。

そこでは、まず、「移動権」という考え方を最初に掲げ、「移動権を保障されるようにしていくことが、交通基本法の原点」だとしている。そのうえで、高齢社会を迎えるにあたり、クルマが使えない人たちの社会参加が難しくなっているという視点、地球環境問題を考慮して、「私たちの暮らすまちを、自転車、バス、路面電車、鉄道などが充実した『歩いて暮らせるまち』にしていかなければなりません」という視点も明示した。交通基本法が「移動に関する不安や不満をしっかりと受け止めるとともに、交通部門の地球温暖化対策に関して私たちが進むべき方向についての指針を明確にするものでなければなりません」と表明している。

また、「社会参加の機会が広がるということは、人々が、そして、まちが活気をもつことにつながります」という考えの下、交通が地域の活力を引き出すものと捉えている。そして、「基本的な考え方」では、公共交通の現実を踏まえ、「私」の取組みの限界を認め、地域の自主性を尊重しつつ国の支援措置の拡充・再構築を謳い、「(フランスに) 遅れること三〇年。日本でも交通基本法を制定するときがきました」という文言で締めくくられている。

†廃案となった交通基本法案

このような形で公表された「基本的な考え方」は、その後、審議会等の議論を経て交通基本法案として二〇一一年三月に閣議決定された。「基本的な考え方」と法案の違いは、物議を醸しだした感のある「移動権」という言葉が削除された点であった。このことは、「交通権」や「移動権」を強く主張していた論者によっては、議論の後退を感じた者もいるようだが、中身を見る限り、法案には、移動権として唱えられてきた考え方が具体的に反映されているようにも思われた。

すなわち、交通に関して、「国民等の交通に対する基本的な需要が適切に充足されなければならない」(法案第二条)として、「交通の機能の確保及び向上が図られること」(法案第三条)を要求し、採算性で交通の存廃を考える従来の原則とは一線を画した。「移動権」という言葉こそないが、「基本的な需要」というのは、ドイツの「公共近距離旅客輸送の地域化に関する法律（地域化法、Gesetz zur Regionalisierung des öffentlichen Personen-nahverkehrs）」の第一条第一項に書かれた、「生存配慮（Daseinsvorsorge）」に近いとも考えられる。ドイツの「地域化法」では、住民に対して充分な近距離旅客公共交通サービスの提供を保障することが「生存配慮」に属する任務であると定められている。

また、都市計画の観点から、「交通に関する施策の推進は、まちづくり、観光立国の実現その他の観点を踏まえ、当該施策相互間の連携及びこれと関連する施策との連携」（法案第六条）を図ることとされ、交通とまちづくりが不可分であることを示した。そして、国が「交通基本計画」を定め、「日常生活等に必要不可欠な交通手段の確保等」（同第十六条）、「高齢者、障害者等の円滑な移動のための施策」（同第十七条）等、具体的な項目が掲げられた。

以上のような交通基本法案の内容は、財政的な裏付けがないなど批判はあったものの、総じていえば、政治的に対立する論点はなく、閣議決定後は、速やかに審議に入り、「交通基本法」の成立は、秒読みと思われた。

ところが、閣議決定した三日後の二〇一一年三月一一日、東日本大震災の発生により、議論は中断する。特に国土交通省は、震災関連の案件が最優先となり、基本理念の議論といったレベルの話は一旦棚上げとなった。その後、情勢が落ち着き、衆議院の審議が始まるのは、二〇一二年の夏になる。

けれども、その時点では、政権与党の民主党自身の政治的な基盤が崩れつつあり、「末期症状」を呈しつつあった民主党の法案に野党も快く審議に応じる感じではなくなった。個々の議員に話をすれば、与野党問わず、法案には好意的であったが、さまざまな政治的駆け引きに翻弄されて審議が進まない。大臣の問責決議だといえばストップするという状況であった。結局、衆議院における交通基本法案の審議がスタートし、あと数日で成立という段階になって、突然の衆議院解散があり、廃案となった。

†交通政策基本法の成立

二〇一二年、政権与党は民主党から自民党になったが、本来、交通の基本法を制定すること自体は、政治的な立場に関わらず広く受け入れられていた。それどころか、震災を経て、地域と交通の問題はより人々に意識されるようになった。災害時の対応という観点から、交通の役割の重要性が注目されるようになったことは言うまでもない。また、被災地に仮設住宅はできても、公共交通がないため高齢者が入居できないという問題は、地域の再生計画と交通計画が切り離されていることの弊害を如実に示した。

一方、少子化が加速する中で、交通事業者の経営は、一段と厳しいものになり、第一章で述べたようなバス会社の突然の清算といった出来事も発生した。「自立した日常生活や社会生活の確保」が脅かされているという現実が改めて浮き彫りとなった。

そうした中、二〇一三年一一月、先の交通基本法案を基礎としつつも、災害時の対応や交通事業者の健全な発展も勘案した交通政策基本法が、自民党政権の下で閣議決定された。地方を選挙基盤とする議員の多い自民党にとっては、むしろ地域公共交通の問題は深刻であった。衆議院、参議院の審議も特段反対論が出るということはなく、同年一二月にはただちに施行された。

交通政策基本法案とは、先の交通基本法案とは、名前が若干変更になり、新たな条文が加わっているものの、基本的な考え方に変化はない。交通基本法案同様、第二条は、「交通に関する施策の推進に当たっての基本的認識」と位置づけられ、「交通に対する基本的需要の充足」（第二条）という基本理念が謳われた。さらにそれに続いて、交通機能の確保・向上（第三条）、環境負荷の低減（第四条）、適切な役割分担と連携（第五条・第六条）、交通の安全の確保（第七条）と条文が並ぶ。

第三条の交通機能の確保・向上は、当然としても、第四条で、交通による環境への負荷の低減をしっかりと述べることで、自動車に依存しすぎた社会を見直し、第五条で自動車のほか、徒歩や自転車から公共交通まで、交通手段の役割分担と連携を述べている点は、これまでの交通政策の転換を示すものであろう。また、第六条は先の基本法案と全く同じ文言で「交通に関する施策の推進は、まちづくり、観光立国の実現その他の観点を踏まえ、当該施策相互間の連携」を図るとされている。これは、交通がまちづくりと一体であるという、交通まちづくりの考え方にとっては肝の部分である。

†動き出すコンパクトシティ戦略

交通政策基本法では、具体的な施策について、「交通政策基本計画」の閣議決定と実行（第十五条）が求められ、交通政策基本法の第十六条以下第三十一条まで国の施策に関する条文がある。二〇一五年二月に定められた交通政策基本計画では、まず、二〇一四年度から二〇二〇年度までを計画期間と定め、具体的な目標と施策が書かれている。

内容は網羅的だが、まちづくりの観点からは、「豊かな国民生活に資する交通の実現」として、「自治体中心に、コンパクトシティ化等まちづくり施策と連携し、地域交通ネットワークを再構築する」という点が重要である。国土交通省の説明資料でも、一番目にこの施策があげられており、施策の趣旨として、「人口急減、超高齢化、クルマ社会の進展等を踏まえつつ、関係施策との連携の下に地域公共交通を活性化し、活力ある地域社会の実現、個性あふれる地方の創生に資する」とある。交通政策基本法の下、地域活性化のために公共交通を政策的に活性化しようという発想が前面に出ている。

さらに、そのために、「利便性、快適性、効率性を兼ね備えた新たな交通サービスを提供する」方針も施策の二番目に掲げられている。ともすると、鉄道かバスかといった二者択一だった地域公共交通の整備において、LRT、BRT、ディマンドタクシー、コミュニティサイクルなど、世界に比べて日本が出遅れている分野で公共交通の選択肢を増やしていくという方策も具体的に打ち出されている。

加えて、今回の交通政策基本計画では、数値目標も示された。上記の施策の関連でいえば、乗降口に段差がない低床式路面電車の導入割合を二〇一三年の約二五%から三五%に引き上げる、複数の拠点で貸出や返却が自由にできるコミュニティサイクルの導入数を二〇一三年の五四市町村から一〇〇市町村までに引き上げるといった具合である。

コンパクトシティ戦略として設定された数値目標は、地域公共交通網形成計画を一〇〇件策定するというものである。これは、第二章で述べた二〇〇七年施行の地域公共交通活性化・再生法を改正することで新たに定められた計画である。交通政策基本法自体は、基本法という性格上、予算措置を伴う具体的な施策は提示していない。そこで、二〇一四年には、既存の地域公共交通活性化・再生法と都市再生特別措置法を改正することによって、コンパクトシティに向けた各自治体での取組みを、交通計画と都市計画の両面で後押しすることになった。

二〇〇七年の地域公共交通活性化・再生法は、公共交通をまちづくりという観点を踏まえて公的に支援する制度としては画期的であった。しかし、実態は、各自治体の個々の路線の補助に止まり、全体として整合性が取れなかったケースもある。既に述べたとおり、コミュニティバスは乱立したが、時として民間事業者のバス路線と競合するケースもあった。

これに対し、今回の法改正では地域公共交通網形成計画の下、面的なネットワーク計画の策定を促している。そこでは、「計画を阻害する行為」の防止、計画が実施されない場合の勧告・命令なども定められており、今回こそ実効性のあるものにしたいという意図が読み取れる。

また、今回の地域公共交通網形成計画は、都市再生特別措置法の改正で導入された立地適正化計画と表裏一体のものとして扱われる。立地適正化計画では、公的施設や病院などをコンパクトシティの理念に基づいて誘導することなどが盛り込まれているが、その際には、人々の足として利便性の高い公共交通が不可欠とされている。

つまり、しっかりとした地域公共交通のネットワークがあって、コンパクトシティができあがるという認識なのである。一方、公共交通沿線にそうした施設が来れば、公共交通の利用者も増加する。実際、法改正に基づく計画の策定も、二つの法律に基づいたものであっても一枚のマスタープランで済ませることができる。交通と都市計画という縦割りも取り払おうとするものである。制度的に、交通とまちづくりが一体化し、行政や事業者がコンパクトシティ戦略に沿って動き出す土台は整ったといえる。

第四章
交通まちづくりとは何か

交通政策基本法が目指すところはかなり広い。交通政策基本計画も、広範な論点を取り上げているだけに、総花的な点が気にはなる。しかし、新たな理念の下、交通政策とまちづくりの一体的な取組みが、国の大きな方針として掲げられ、縦割りを排して、具体的な施策が始まったということは、交通まちづくりにとって大きな転換点となるものである。

そこで、本章では、具体的な動きをみる前に、交通まちづくりという考え方を、その経緯も含めて筆者なりに整理したい。その際、重要となるのは、行政と並んで、交通まちづくりというクルマの両輪の一方を担う市民の活動である。

†そもそも「交通まちづくり」とはなにか

「交通まちづくり」という言葉が知られるようになったのは、一九九〇年代後半からである。それまでにも、交通という視点からまちづくりに携わった専門家は少なくなかったが、「交通まちづくり」という言葉を定着させた太田勝敏氏は、「『交通まちづくり』という発想は、道路や新交通システム、鉄道といった大規模なインフラ施設整備による都市交通問題への対応の限界が次第に明らかになってきた状況を背景に……市民参加型の新しい計画アプローチ」の提案であると述べ、そのうえで、「この提案の基本は交通計画における住民、市民の参加と都市計画、都市づくりとの連携の二点である」と位置付けている。[1]

一方、こうした議論を踏まえ、交通まちづくり研究会では、交通まちづくりを「まちづくりの目標に貢献する交通計画を、計画立案し、施策展開し、点検・評価し、見直し・改善して、繰り返し実施していくプロセス」と定義し、目標のとり方、プレイヤー、プロセスにわけてその特徴を述べている。[2]

目標のとり方に関していえば、従来の交通計画が、増え続ける交通需要に対処し、より遠く、より速く移動すること、そして、経済成長を支えることを望ましいとしていたのに対し、今日の交通計画の望ましい戦略は、「需要を満たすだけではなく、環境等のインパクトが許容範囲に収まり、財政的に実現可能、あるいは合意を取れるという意味で実現可能な戦略」[3]に、大きく変化したとしている。

また、プレイヤーとしては、従来の行政、専門家のほかに、住民あるいは市民、市民団体の役割を重視し、プロセスについてはＰＤＣＡサイクル[4]を基本としている。まちづくりへのＮＰＯ、コミュニティの参加を伴い、その都度の見直しを意識しながら進められるものとされる。

†社会実験、モビリティ・マネジメント

交通まちづくりは、交通という側面からとはいえ、まちづくりの目標のために、人々の日常生活、経済活動を変えることになり、影響も大きい。そこで、ＰＤＣＡサイクルの具体的なツールとして社会実験という手法が用いられている。それは、行政、専門家がまちづくりを意識した交通計画を設定し、一般市民を巻き込んだ実験を行い、ワークショップと呼ばれる会合を通じて、市民の意見を取り込みながら次のステップに向かうというものである。道路事業においては、そうした手法をより広く応用して、計画段階から住民に参

画してもらう「パブリック・インボルブメント」が実施されている。

実際、自家用車から公共交通への転移を促すためのパークアンドライド実験やトランジットモールとオープンカフェを組み合わせた社会実験など、各地でいろいろな試みが行われるようになった。第三章でもとりあげたコミュニティバスの導入も、社会実験から始まったものが少なくない。

また、この一〇年間に全国的に普及し、人々の交通行動を変え、将来の街の姿をも変える可能性を期待させる手法の一つに、モビリティ・マネジメント（Mobility Management: MM）がある。モビリティ・マネジメントとは、「ひとり一人のモビリティ（移動）が、社会的にも個人的にも望ましい方向（例えば、過度な自動車利用から公共交通・自転車等を適切に利用する方向）に自発的に変化することを促す、コミュニケーションを中心とした交通政策」[5]と定義される。

交通の問題に対しては、以前よりＴＤＭ（Transportation Demand Management, 交通需要マネジメント）と呼ばれる各種施策が取られてきたが、どちらかといえば従前の交通需要マネジメントが、道路の渋滞対策として自動車の流量を管理するという「上から目線」のイメージが強かったのに対し、モビリティ・マネジメントは、一人一人の住民や、職場、学校などでの働きかけ、学習会など、対話に重きを置いた交通需要マネジメントの手法ということができる。いわば、市民の自発的な行動の転換を促すことで、交通まちづくりを進めようというのである。

さらに、興味深い点は、モビリティ・マネジメントが、行政の計画に住民が参加するだけではなく、各地で研究者や市民がさまざまなアイディアを持ち寄り、一つの市民運動になっていることである。二〇〇六年以降、そうした実践活動は、「日本モビリティ・マネジメント会議」で一堂に会して発表されるようになり、二〇一四年の大会は、開催地が帯広だったにもかかわらず、ポスターセッションの発表も含め、日本全国から五三本の報告があった。交通まちづくりは、行政と市民が一体となった交通計画という出発点から、さらに進んで、場合によっては市民主導の運動を主軸に、行政や専門家、企業が参画する形で展開している。

✝市民運動からまちと交通を変える

市民運動としての交通まちづくりは、「路面電車サミット」が一つのきっかけであったように思われる。路面電車サミットは、最初は一九九三年、札幌市中央区が主催した「市電愛好団体サミット」という愛好団体の会合であったが、その後、一九九七年の第三回全国路面電車サミットが岡山市で開催されるに至り、市電の愛好団体という枠を越え、当時の運輸省、建設省の後援を取り付けることで、地方自治体や軌道事業者はもちろん、まちづくり関係の市民団体、交通やまちづくりの専門家が一堂に会して、これからのまちづくりを議論する会合となった。

折しも、海外でLRTが急速に普及する時期であり、日本にも、従来の路面電車とは全く異なるLRTを紹介し、まちづくりに活かそうという考えが出始めたタイミングであった。当時、こうした市民団体の会合に、国が後援し、会合の議論も踏まえて施策を考えるということは異例であったという。それ以来、ほぼ二年に一度「全国路面電車サミット」が開催されている。

このときの「路面電車サミット」を地元岡山市で催した市民団体が、一九九五年に結成された「ラクダ（RACDA）」である。レールトランスポート・アメニティ・コミュニティ・デザイン・アソシエーションという正式名称があるが、それは後付けらしい。ゆっくりと着実なラクダのイメージ、あるいは「楽だ」という感覚で、活動を広げ、その後の日本の交通まちづくりにおいて、RACDAの存在は欠かせなくなった。

「路面電車サミット」を経て以降、ＲＡＣＤＡは、積極的な提言、フォーラムの開催、書物の出版などを通じて議論をリードし、各地の交通まちづくりの市民活動を支えている。地元岡山における活動はもちろん、市民出資によって再生した富山県の万葉線（二〇〇一年設立）、「たま駅長」で今や世界に名が知られる和歌山県の和歌山電鐵貴志川線（二〇〇五年設立）の再生にも直接関わった。そうした岡山のＲＡＣＤＡの支援を受けてできた富山県の高岡ＲＡＣＤＡから、さらにその力が波及する形で市民運動を促し、廃線の危機から一転再生を遂げたのが茨城県のひたちなか海浜鉄道である。

また、ＲＡＣＤＡの会長の岡将男氏は、二〇〇三年には、全国の事業者から愛好家、研究者をつなぐ全国・路面電車ネットワークを結成し、海外で普及しているＬＲＴの日本への導入を意識した活動を開始した。ついには、岡氏の精力的な活動は、国会をも動かし、二〇〇四年一二月に、ＬＲＴ推進議員連盟を超党派で発足させた。そして、全国・路面電車ネットワーク、後述のエコエネルギーによる地域交通システム推進協会の研究活動とタイアップしながら、議員立法による「ＬＲＴ整備の促進に関する法律（仮称）」案（以下、ＬＲＴ促進法案）の検討が進められることになった。

実は、第二章で述べた地域公共活性化・再生法はこのＬＲＴ促進法案が一つのベースになっている。二〇〇六年三月にできあがったLRT促進法の試案をみると、国が次世代路面電車の整備等に関する基本方針を定め、市町村は、次世代路面電車整備協議会を結成して基本計画を作成するというスキームが書かれている。また、LRTの建設が公益性の高いものであり、そのための地方自治体の起債が認められるという議論もここで出てきている。

LRT促進法案自体は、二〇〇七年の通常国会に向けて議員立法として提出が具体化したが、このとき国土交通省では地域公共交通活性化・再生法の制定が進められ、LRT促進法案は、地域公共交通全体の法律に統合されることになった。なお、LRT推進議員連盟は、その後新交通推進議員連盟と名称を変え、先に述べたとおり、交通政策基本法の成立に向けて動くことになる。

さらに岡將男氏は、路面電車のみならず、バスについても行動を起こしている。具体的には、二〇〇三年に岡山市で第一回「バスマップサミット」を開催し、その後ほぼ毎年全国大会を開催している。バスの場合、一都市に複数の事業者がお互い競争しながらバスサービスを提供しているが、バスの路線図には、自社の路線しか掲載されていないという問題があった。都市全体のバス路線図の作成を行政に要請すると、個別の民間会社の業務ということで、行政も情報を持ち合わせていなかった。そこで、「バスマップサミット」は、まずは、バスのマップ（路線図）を利用者目線で作成しようというところから始まっている。

バスの場合、第一章で述べたとおり、ある意味では鉄道よりも利用者離れが激しく、その背景に複雑でわかりにくい路線設定がある。路線図づくりは、交通まちづくりの第一歩なのである。ただ、こちらも、単にバスの地図を作る技術的な話では収まっていない。バスをうまく活用して自家用車に頼らないまちづくりを進めるためにはどうすればよいかを探るべく、幅広い議論が行われている。

†人と環境にやさしいまちを目指して

一方、路面電車やバスにこだわらず、広く公共交通から自転車まで、環境にやさしい公共交通によるまちづくりを目ざす活動として、「人と環境にやさしい交通をめざす全国大会」がある。二〇〇五年の宇都宮大学での大会以降、全国各地で一～二年に一度の頻度で毎回延べ五〇〇名前後の参加のある大規模な大会が開催されている。

母体の一つは全国路面電車ネットワークであるが、中心となったのは、電気自動車の普及を目指していた市民団体「エコエネルギーによる地域交通システム推進協会」である。こちらの事務局長の内田敬之氏が岡氏とともに、強力なリーダーシップで一般市民を束ねていったともいえる。

内田、岡両氏は、LRT促進法案の起案にも奔走しており、「人と環境にやさしい交通をめざす全国大会」の中心的なトピックに、当初はLRTの日本への導入があった。しかし、目指すところは、人と環境にやさしいまちづくりであり、交通はあくまでその手段として位置づけられていった。

「全国大会」では幅広いテーマを設け、行政、市民、交通事業者、あるいはメーカーなどにも参加を呼びかけ、前半の研究発表部門では、セッション別に分かれて議論が行われる。学界の権威や交通事業者の社長と、仕事の傍ら住民運動に取り組んでいる一市民が、同じ土俵で研究や取組みを発表し、議論を深めることは、交通まちづくりを地に足のついたものにしたといえる。

また、「全国大会」以外にもフォーラムや勉強会を行い、民主党の交通基本法案の策定から自民党の交通政策基本法の制定まで、時期によっては、ほぼ毎月のように、業後の夕方二時間ほど、大学の一室を借りて熱い議論が行われた。その際、法案を担当していた時の国土交通副大臣や国土交通委員会のメンバーを招いたり、国土交通省や地方自治体の担当官を招いたりして、事実上、市民有志と担当者との一つの議論の場を提供してきたといってもいい。

そうした「全国大会」やフォーラムから、各地の地道な交通まちづくりが始まったケースもある。例えば、第一章で述べた水戸市では、二〇一二年に開かれた「スマートまちづくりフォーラム」がきっかけとなって、そのまま「スマートまちづくりフォーラム」という名前の市民グループが発足した。自治体や一般企業などの勤め人が、アフターファイブに定例の勉強会を開催しており、水戸市の交通政策への提言なども行っている。

†人材を育成するための活動

議論や政策提言も重要だが、行政や交通事業者ら、現場の実務者が交通まちづくりの意義を知り、実践的な解決策を見いださなければならない。その意味で、交通まちづくりには「ひと」が欠かせない。この一〇年、国からの補助金もあって各自治体ではさまざまな交通社会実験を行うようになったが、社会実験が何を目的としているのか、行政の担当者の理解度を疑いたくなるケースもある。たぶん、交通政策に精通した「ひと」が不足しているのであろう。

「ひと」の育成に焦点を当て、交通まちづくりの動きを別の角度から支える市民活動もある。代表的なものは「持続可能なまちと交通をめざす再生塾」（略称、再生塾）である。これは、交通とまちづくりの関わりの重要性を早い時期から指摘し、市民活動を支援してきた故北村隆一京都大学教授が二〇〇七年に提唱したもので、まちづくりや交通にかかわる学識経験者、行政関係者、技術者の有志らによる、交通実務者・リーダーの支援・研修を行うNPO法人である。

再生塾では、関西をベースに行政官や地方議員、交通事業の担当者などを対象に研修を行っており、基礎編のほかアドバンスド・コースもある。特にアドバンスド・コースは、特定の地域の課題が設定され、数カ月をかけて現地での調査やヒアリングを基にソリューションを見いだすという本格的なものである。参加者は、別途自らの職務があるので、再生塾の課題の取組みは週末と業後の作業となる。

二〇一三年度は、大阪府の南部、人口約九万人の貝塚市内五・五kmを走る水間《みずま》鉄道がテーマとなった。水間鉄道は、大阪ミナミのターミナル難波から南海電鉄で三〇分というところに位置し、大阪市内に向かう通勤通学客を年間一九〇万人運ぶが、この二〇年間の間に利用者は四割減少、リゾート不動産の投資失敗から会社更生法の適用を受け、現在はグルメ杵屋の出資と支援により運行を継続している。

そのような水間鉄道に対し、再生塾は、「工場に近いところへの新駅設置、沿線に病院が多いという特徴を活用した高齢者に優しい健康都市としての取組み、鉄道を活性化する会社を創設、民間等の力で運営」といった提案を行い、当時の関西佳子《せきにし》社長は早速検討を開始したという。新駅については、さほどの需要が見込めないことが判明したとのことだが、そうした提言は、実際の鉄道や地域のまちづくりに活かされるであろう。

実際、二〇〇七年度に京都の京福電鉄に対して再生塾が提案した案件のうち、放置自転車対策として短時間駐輪は無料となる駐輪システムの設置と、乗換駅である帷子《かたびら》ノ辻《つじ》駅の構内踏切設置は既に実現している。駅の構内踏切は、かつては安全面から廃止され、地下道や跨線橋に切り替えられてきた。帷子ノ辻駅にも地下道があるが、京福電鉄のように半ば路面電車のような路線で各駅停車しかない鉄道であれば、構内踏切でも安全面で問題ない。しかも、平面での移動であれば、大仰なエレベータを設置することなくバリアフリーが実現し、健常者も含め乗換えがきわめてスムーズになる。こうした利用者目線の提案が実現しているのである。

また、再生塾の活動をきっかけに、九州というローカルな地域での新たなプラットフォーム「Qサポネット（地域と交通をサポートするネットワーク in Kyushu）」もできている。こちらも人材育成に加え、そうした人のネットワークを構築することを主眼に、行政、事業者、研究者、市民が一体となる形で、交通まちづくりの勉強と実践に取り組んでいる。

これまで、日本では公共交通事業は民間主体で運営がなされ、交通政策を規定する基本法も存在しなかったため、行政に交通政策を担う人材は育っていなかった。しかし、これからは、行政がイニシアチブを取りつつ、交通事業者、市民と協働で交通政策を遂行していく時代となる。交通政策基本計画には、「交通を担う人材を確保し、育てる」という目標が掲げられ、そのための施策として、交通事業の人材確保に加え、「自治体の交通担当部門などの地域の交通計画づくりを担う人材の育成方策を検討する」と明記されている。再生塾のような活動はそうした計画を先取りしてきたといえる。

第五章

芽生える交通まちづくり

地域公共交通活性化・再生法と都市再生特別措置法の改正が施行されて一カ月後の二〇一四年一二月、地域公共交通網形成計画の第一号が発表された。それが「四日市市地域公共交通網形成計画」と「北近畿タンゴ鉄道沿線地域公共交通網形成計画」である。いずれも廃線の危機にあった鉄道を、「上下分離」方式の鉄道事業再構築事業により、公共交通と地域の再生を図ろうというものである。いよいよ、交通政策基本計画の下での、実質的な交通まちづくりがスタートした。

交通基本法の議論を経て交通政策基本法の制定に至り、大きな変化が表れている。総理の施政方針演説でも「中心市街地に生活機能を集約し、併せて地方の公共交通を再生する」[1]といった発言が出るようになった。そこで、本章では、日本にも芽生える交通まちづくりの動きを、パイオニアとでもいうべき富山市ほか、注目されるいくつかの事例でみてみよう。

†「お団子と串」のまちづくりの富山市

富山県は、持ち家比率が七八・三％と全国一位を誇り[2]、富山平野を中心に市街地が薄く広がる。そのため、自家用車への依存は高く、一世帯当たりの自家用乗用車の台数も一・七一台と全国二位にある[3]。県庁所在地である富山市は、人口四二万人を抱える、自家用車に過度に依存した典型的な地方都市である。

富山市はスプロール化した街を変えるべく、二〇〇六年の改正中心市街地活性化法に基づきコンパクトシティ計画を提示した。中心市街地活性化基本計画の認定第一号である。このとき、富山市と並んで認定された青森市が、市街地のビルにさまざまな都市機能を集中させ、「ウォーカブルタウン（遊歩街）の創造」を目ざしたのに対し、富山市は公共交通を軸（「串」）として、いくつかの拠点（「団子」）を形成する「お団子と串」のまちづくりを掲げた（図表5―1）。

図表5-1　富山市の「お団子と串」のまちづくり

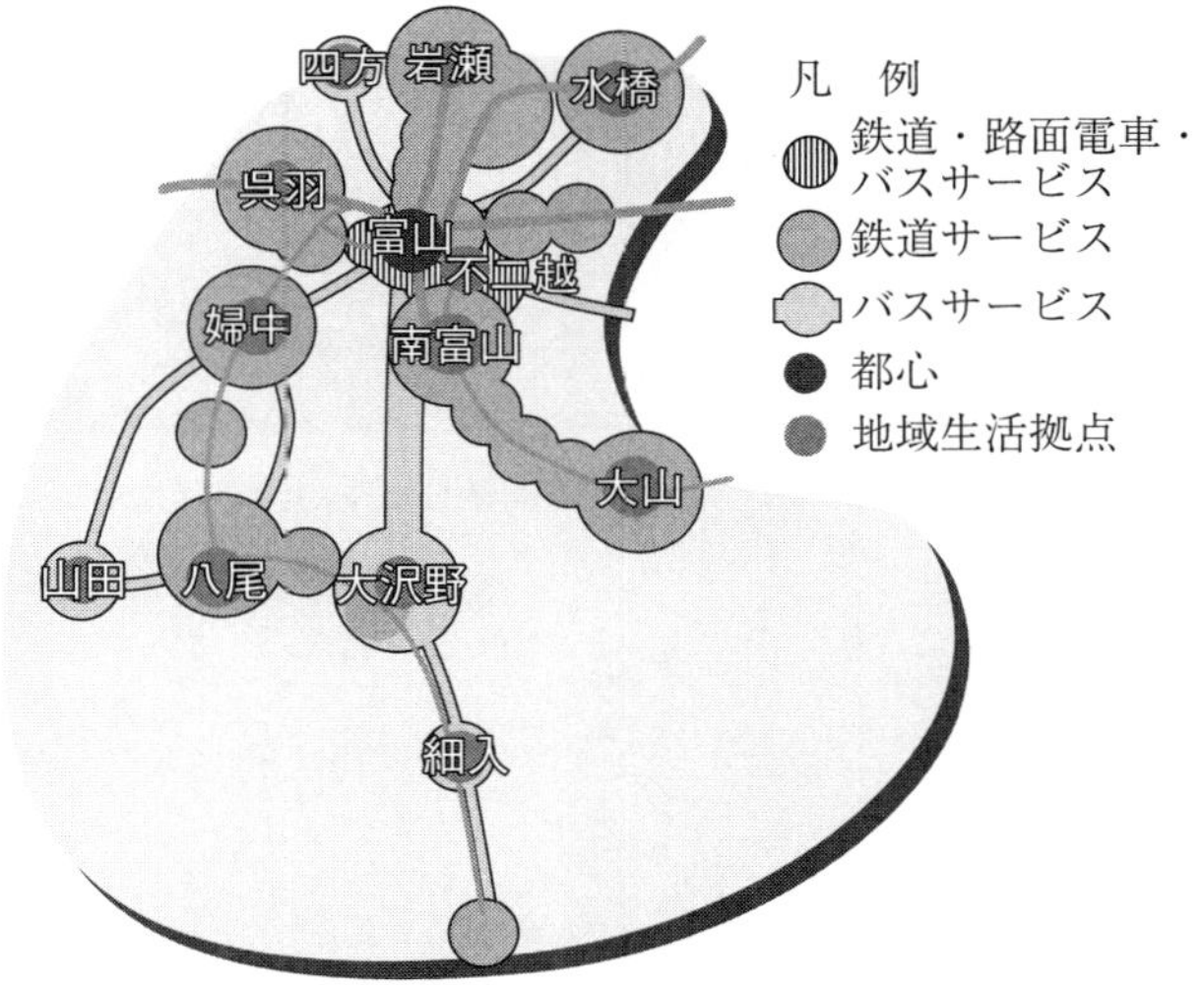

出典）「富山市都市マスタープラン」

まず、既存の豊富な鉄軌道網を「串」として活かすべく、廃止が検討されたＪＲ富山港線をＬＲＴ化して、二〇〇六年四月に、市も出資する第三セクター、富山ライトレール（ポートラム）を開業させた。このとき、沿線のバス路線を再編して、富山ライトレールに接続する支線（フィーダバス）を整備する一方、単なる移動手段としてではなく、街のデザインも意識したトータルデザインというコンセプトで、ＬＲＴイコール都市の装置であるというイメージを印象づけた。

また、同じ年には、市の負担により富山市内を走るJR高山本線で列車増発の社会実験を開始し、沿線にパークアンドライド駐車場を設けたほか、二〇〇八年三月には臨時に新駅（婦中鵜坂《ふちゅううさか》駅）を設置するといった試みも行った。さらに、二〇〇九年一二月には既存の路面電車を運行している富山地方鉄道の市内線をつなげるために、市が〇・九kmの線路の敷設を担うことで、環状線（セントラム）を開業させた。施設や車両は市が建設・所有し、運行は富山地方鉄道が担う「上下分離」方式である。

2009年に開業した富山の環状線セントラム

このほか、バスについて「おでかけ定期券」を発売し、会員の高齢者は一〇〇円という破格の運賃で市内各所から中心市街地にアクセスできる形にし、これを二〇〇八年には富山地方鉄道の鉄道線、二〇一一年には富山市内線と富山ライトレールにも利用範囲を広げた。もちろん、交通以外にも、中心市街地への居住誘導策としてマンション業者の建設補助、住宅取得者への補助や高齢者施設の公共交通沿線での建設など、まさに交通政策と関連させながら都市計画を進めてきた。

富山市が繰り出す公共交通を活用した中心市街地活性化策のアイディアは尽きない。ユニークなものでは、指定の花屋で花束を買うと市内電車等の運賃が無料となる「花トラム事業」といったものもある。市内のホテルに泊まるとライトレールや環状線に使える共通割引券が配布されるのもありがたい。外国人であれば無料になる。ここでは、これらをリストアップすることはしないが、重要な点は、こうした施策が徐々に結実していることである。これは、青森市自身が厳しい評価を下した青森のコンパクトシティ計画とは対照的である。

富山ライトレールの場合、かつてのJR線時代と比べると、運転本数が大幅に増えたことに加え、運転時間の延長、駅の増設やバリアフリーの徹底など、利便性が向上したことから、利用者は倍増した。開業から二〇一三年度までの八年間の平均でみると、平日の利用者は開業前比で二・一倍、休日は三・九倍となっており、平日昼間の高齢者の利用客も目立って増えている。

富山市の調査によると、利用者の一割強はJR時代に自動車を運転していたと回答しているほか、平日の場合、利用者の二割が以前は移動を控えていた新規の顧客だという。富山ライトレールが高齢者の外出を促しているのである。また、JR高山本線についても、社会実験終了後も利用者は社会実験前に比べて一割増加し、臨時に設置された婦中鵜坂駅も常設駅となった。婦中鵜坂駅周辺は人口も増え、「団子」が形成されつつある。

中心市街地に対するインパクトという点では、環状線の効果も大きい。環状線の運転により、中心市街地の回遊が便利になることで、既存の富山地方鉄道の路面電車の活性化にもつながっている。利用者数を環状線開業時の二〇〇九年と比較すると二〇一二年には一三％の伸びとなった。

さらに、自動車で市内に来る場合に比べ、環状線で市内に来る市民のほうが街中での滞在時間が長く、消費金額も大きい。富山市の調査では、休日の場合、自動車利用者は平均滞在時間一一三分、環状線利用者は一二四分という結果になっているが、これには二時間まで駐車場無料という事情が影響しているようだ。

自動車での買い物は、駐車場料金無料という制限の中で目的を達成して帰るのに対し、環状線で来る買い物客は、街をぶらつき、場合によってはアルコールを口にして帰宅するということであろう。このような市民の行動の変化は、街を潤すことはもちろん、当人自身が、慌ただしく買い物を急ぐよりも高い満足感を得ているはずである。このほか、富山市の調査では、中心市街地に転居した人のうち、一割の人は、環状線の存在が「大きな条件やきっかけ」になったとしており、三分の一の人は「条件やきっかけのひとつ」になったという。

このように、人が街中に来れば、そこでのビジネスも広がる。二〇一二年の中心市街地の歩行者数は、二〇〇六年に比べて三二%増加し、空き店舗数は二〇〇九年の二〇・九%から一九・四%に低下した。そしてコンパクトシティの目標とでもいうべき人口集積も、高齢化に伴う自然減はあるものの、転入と転出の差でみると、中心市街地ではそれまで転出の方が多かったが、二〇〇八年から転入の方が多くなり、公共交通沿線地域でみても転出超は減少しつつある。今なお空き店舗が多いとはいえ、公共交通の利用とコンパクトシティ形成に対して、少しずつ成果が見え始めているのである。

†ネットワーク型コンパクトシティを目指す宇都宮市

東京から新幹線で一時間の栃木県の県庁所在地、人口五二万人の宇都宮市も公共交通を軸に、「ネットワーク型コンパクトシティ」に向けた取組みを進めている。宇都宮市のホームページでは「ネットワーク型コンパクトシティ」について、「イメージは、星座」として、「宇都宮市には、……さまざまな働きや魅力が集まっている場所がたくさんあるじ

図表5-2　宇都宮市のLRT計画（2013年公表）

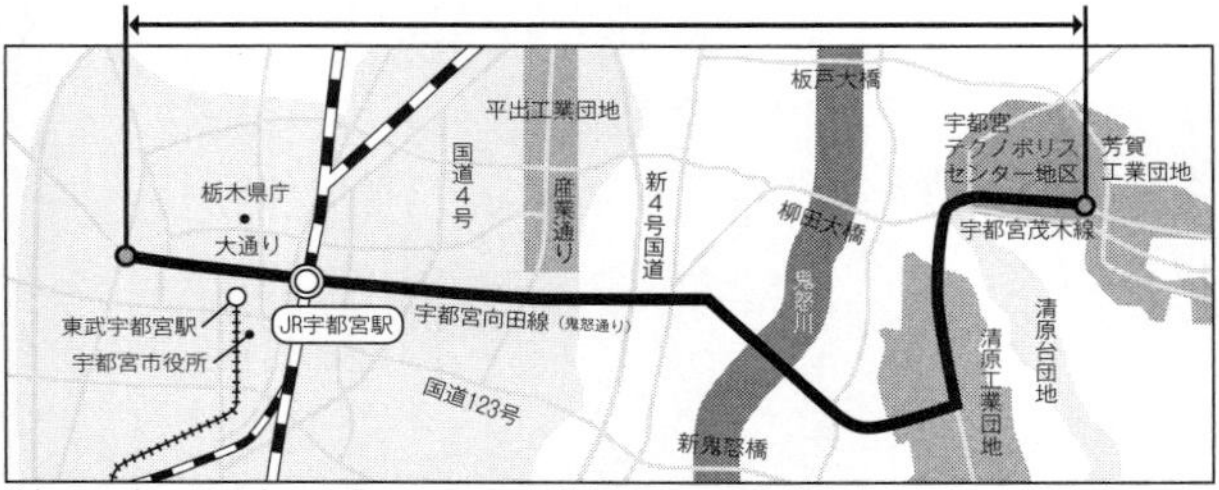

注）2015年4月時点で公表されている優先区間は、JR宇都宮駅の東側の区間となっている
資料）宇都宮市「東西基幹公共交通の実現に向けた基本方針」（2013）

やろう。これらのそれぞれの魅力や個性をもっと引き出して、いろいろな大きさ、色、光り方で輝く、星のようなまちを作ろうとしているんじゃ」と説明している。ともすると中心市街地一極集中というイメージにもつながるコンパクトシティを少しほどきたいという思いがあるのかもしれない。

その星をネットワークで結ぶ公共交通の中でも注目されているのがLRTである（図表5―2）。宇都宮市の場合、南北方向にはJRの宇都宮線や東武鉄道宇都宮線があるが、東西方向には軸となる鉄軌道がない。宇都宮駅から西側の中心市街地にかけてはバス路線が集中しているものの、駅の東側になるとバス路線も減る。

宇都宮市東部には清原工業団地のほか、隣接する芳賀《はが》町《まち》にも本田技研など多くの事業者が集積する工業団地があり、約三万人の従業員が通勤する。しかも、そのほとんどが自家用車で通勤するため、ラッシュ時は毎日激しい渋滞が発生する。宇都宮駅から従業員専用送迎バスもあるが、バスも渋滞に巻き込まれる。送迎バスは従業員のために企業が運行資金を提供しているため、沿線住民は利用することができず、しかも片道だけの輸送を行うという非効率な状況である。そこで、バスよりも輸送力があり、渋滞に巻き込まれない新しい交通システムが期待されているのである。

宇都宮市東部の新交通システムの検討の歴史は長い。栃木県、宇都宮市、工業団地を造成した宇都宮市街地開発組合が一九九〇年代前半から議論を開始して以来、繰り返し検討会議を重ね、二〇〇三年には、「導入システムはLRTとする」と明記した報告書を提示した。その時点では、日本最初のLRTシステムが宇都宮市に導入されるという関係者の期待も高まった。

しかし、その後計画は、自民党がLRTを推進しようとすれば、民主党はこれに反対するという政治的な思惑の中で、揺れ動くこととなった。市民の側も、市民団体「雷都レールとちぎ」がLRTの導入に向けて活動を進めると一方で「LRTに反対する会」が誕生し、行政がLRTの推進を図ると既存のバス事業者がこれに反対を表明した。二〇〇〇年代後半はマスコミ報道を見る限り、「LRT賛成・反対」という文字と対立構図が煽られ、まちづくりという視点がないまま、議論は膠着したかのようにみえた。

しかし、このような賛成・反対の二者択一の議論が行われる一方、着実に進む高齢化、交通空白地帯を抱える中で、交通まちづくりに対して真剣に取り組む人たちもいた。たとえば、LRTの計画路線上にある清原地区では、二〇〇六年には住民組織が運営する「清原さきがけ号」をスタートさせている。

「清原さきがけ号」は、バスというよりは乗合タクシーに近いが、バスと同じように定まった路線を定時運行し、着実に地域の交通として根づいている。さらに、宇都宮市は「清原さきがけ号」をきっかけに、市内でコミュニティ交通のネットワークを広げてきた。JR路線やLRT計画と併せ、これらの基幹軸の支線、いわば動脈に対して毛細血管として機能する交通ネットワークを構築したのである。

また、宇都宮市のコミュニティ交通の特徴は、「清原さきがけ号」が住民組織で運営されているように、基本的に地域住民が起案し、市の補助金だけではなく自治体や企業の協賛金で賄われていることである。二〇一〇年度の「清原さきがけ号」でみると、運賃収入からは運行経費の一二%しか賄えず、宇都宮市が運行経費の六三%を負担しているが、残りの二五%は自治体支援金と企業協賛金で賄うことで、市の補助金を少なくしている。自家用車を利用しなくとも、豊かな暮らしができるまちづくりへの努力は行われているのである。

交通まちづくりの場合、交通というハードが必要となるため、どうしてもその費用や効果が議論になる。その結果、行政も住民も自らの将来の暮らしをどのようにしていくかというまちづくりの絵を描く前に、交通そのものの議論になりがちである。

しかも、地方都市の場合、多くの人がクルマ社会に慣れてしまっている。宇都宮のようにJRの幹線が通り、バス路線が発達している都市でも、人々の交通手段の選択をみると、平日で自家用車を利用する人が六六％、休日で七六％、一方、鉄道はそれぞれ四・〇％、一・八％、バスになるとそれぞれ二・四％、一・三％にすぎない（二〇一〇年）。この結果、LRTのような新しい交通システムに対しても、「自動車に慣れた市民は、LRTには乗らない[5]」といった市民の声が漠然と出てしまい、賛成・反対の議論に終始してしまう。

また、当初LRT計画にバス会社が反対したことからもわかるとおり、公共交通がまちづくりの中に位置づけられず、それぞれの民間事業者の収支によって運営されているという問題点も浮き彫りになった。交通まちづくりでは、時には既存のバス路線も再編成しながら、LRTからコミュニティ交通まで、街中の公共交通をネットワーク化して再生する必要があるが、ＬＲＴの場合、既存のバスと競合といったところで議論が中断しがちになる。

宇都宮市では、「清原さきがけ号」のようなコミュニティ交通、あるいは自転車道の整備など、着実に外堀を埋めることで、ネットワークの中でも軸となるＬＲＴ計画を具体化している。当初ＬＲＴ計画に反対していた栃木県最大のバス会社、関東自動車も、経営主体が地方のバス交通の再生で実績を上げてきた株式会社みちのりホールディングス[6]になったこともあって、二〇一四年四月には、宇都宮駅東口からのＬＲＴ計画案に対し、地元メディアに「営業主体を担う」と表明した。

そうした中、宇都宮市では二〇二〇年の東京オリンピックを一つの区切りとして、急ピッチでＬＲＴの事業化を進めている。より具体的な作業が始まると、当初のＬＲＴ計画では輸送力が不足するという懸念すら生じており、運行計画なども変更されている。また、宇都宮市内だけではなく、隣接する芳賀町まで乗り入れる路線案が具体化している。

ＬＲＴは、交通まちづくりの一要素にすぎないが、これが完成すれば、富山市に次ぐ日本での本格的なＬＲＴの登場となる。交通まちづくりの時代のシンボリックな存在となるにちがいない。

†新潟市が打ち出す多核連携型都市

富山市、宇都宮市に比べると注目度は低いが、交通まちづくりに熱心に取り組んできた都市の一つに新潟市がある。新潟市は人口八〇万人を超え、富山市や宇都宮市よりも一回り規模の大きい日本海側最大の都市だが、市民の自家用車への依存度は高く、中心市街地から撤退する百貨店がみられるなど、今日の地方都市が持つ問題を共有している。新潟市において、市民が外出の際に用いる交通手段の割合をみると、自家用車が七〇%に達しており、運輸旅客部門の一人当たりCO_2排出量は県庁所在地ワースト3である。[7]

そうした中、新潟市は、政令市に移行した二〇〇七年前後から、都市計画と一体のものとして交通の問題に取り組んでいる。まず、二〇〇七年には国からオムニバスタウン事業の指定を受け、地元の新潟交通と共同でバスのサービス向上に向けた施策を打ち出し、新潟駅と中心市街地を軸にカラーリングも変えた基幹バス「りゅーとリンク」の導入などを実施した。

また、二〇〇八年には市議会で都市計画マスタープランが議決され、「新潟らしいコンパクトなまちづくり」として「田園に包まれた多核連携型都市」を打ち出した。そして、

新潟市 BRT イメージ
出典）新潟市ホームページ

そうした多核連携型都市を支えるために、「にいがた交通戦略プラン」が都市計画マスタープランと同時に策定された。

交通戦略の中身は多岐にわたるが、最も注目されたのは、新潟市が既存のバスの改良だけでなく、新交通システム導入の検討も開始した点である。「高齢社会や環境問題への対応とあわせ、拠点性強化が求められる中」、「特に、都心部では自動車を使わなくても快適に移動できるサービスレベルが高い基幹公共交通軸の実現が必要」[8]とした。

新交通システムとしては、富山市のようなＬＲＴのほかＢＲＴ、モノレールが比較検討され、まずは相対的に建設費用が安価で導入が容易とされるＢＲＴの具体的な事業計画がスタートした。バスではあるが、道路上に分離された専用通行路を確保し、停留所はＬＲＴでみられる道路上の島式ホームとするなど、地図にもしっかり掲載される交通システムが計画された。

新交通システムは、快適な移動手段であると同時に「シンボル的な交通システムによる新たな魅力創出」が求められたのである。二〇一二年に公表された基本方針は、新潟駅か

図表5－3　新潟市のBRT運行計画（第一段階）

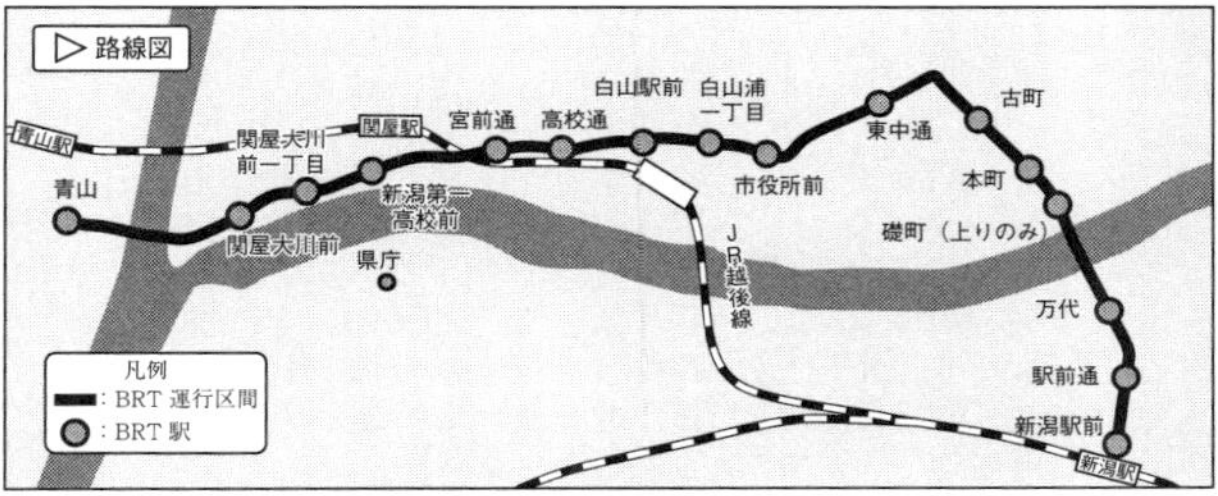

出典）新潟市「BRT運行計画（概要版）」に加筆・修正

ら中心市街地の古町を通って白山駅に至る約三kmを第一期導入区間とし、新潟駅から古町までは、「道路中央部における専用走行路の配置を目指します」と宣言している（図表5―3）。

もっとも、宇都宮市のLRT計画が政治に翻弄されたのと同様、新潟市のBRT計画も政治問題となり、BRTの賛成・反対といった論争だけがマスコミをにぎわすことになった。

二〇一四年の市長選では、BRT計画を推進してきた現職に対し、対立候補がBRT反対を掲げ、地元の新潟日報は、世論調査では「BRT反対が五割以上」という結果を報じた。道路の車線を削減することに対して、交通渋滞を懸念する沿線住民や警察からの合意が得られない。基幹軸を設定する交通計画に対しては、乗換えの手間がかかり、一部の利用者からの反発があった。また、「市民」のオンブズマンからは、連接バスの価格が通常のバス二台分よりも高価であるなど、「費用対効果」に見合わないという批判があり、連接バスへの支出差し止めを求める住民訴訟も起きた。

行政の進めることに対しては、住民からの厳しいチェックが必要である。交通まちづくりは行政と住民との協働によって成り立つものであり、住民不在で計画だけが推し進められてはならない。しかし、ここでも将来のまちづくりという視点が議論に盛りこまれていない。

新潟のような大きな地方都市の場合、まさに複数の「核」をどう連携させていくのか。CO2排出量がワースト3という政令市をどのように変えていくのか。こうした問いには、住民も行政とともに協働で答えなければならないにもかかわらず、BRT、それも連接バスか否かという各論で対立している。

ただし、BRT計画だけが交通まちづくりではない。既存のバスは、オムニバスタウン事業によって、公共交通優先信号が拡充されて、定時性が増したほか、ICカードの導入により、バスとバスの乗り換えでも割引が適用されるなど、他都市に比べて先進的な取組みが進んでいる。

新潟交通の廃止路線の代替としてスタートさせた住民バスも、宇都宮市の「清原さきが け号」の一年後、二〇〇七年からは公共交通不便地域・空白地域の足として、新たに路線を設置し、サービスを拡充させた。また、自家用車の利用と公共交通を結びつけるパークアンドライド設備も、高速道路のバス停に隣接する施設を充実させており、市全体でみて一〇〇〇台を超える規模になっている。これほど大規模なパークアンドライド設備を持つ都市は、日本の場合そう多くない。富山市と同様、市内を走るローカル線、JR越後線の増発社会実験も行った。

そうした新潟市の取組みを規定しているのが、国の交通政策基本法を先取りする形で二〇一二年に制定した「新潟市公共交通及び自転車で移動しやすく快適に歩けるまちづくり条例」である。第一条では条例の目的として「移動しやすいまちづくりを市、市民、事業者及び公共交通事業者の協働により総合的、計画的かつ効果的に推進し、もって自動車の過度な利用からの転換を図り、市民が健康で暮らしやすい社会の実現に寄与すること」と明記している。交通まちづくりを条例で宣言したといってもいい。

このような条例は、主だった都市では、金沢市、福岡市に次ぐ三番目のものである。ちなみに、新潟市以降、熊本市、高松市といった中核都市のほか、奈良県、あるいは長岡京市といった都市でも交通条例の制定が続く。

新潟市のBRT計画は、まず、四両の連接バスを通常の道路の優先レーンに走らせるということでスタートさせる。ただし、JR越後線の増発実験は、結局目標の利用者数に至らず運行本数は以前に戻ってしまった。富山市のような結果がただちに表れているわけではないが、新潟市の交通まちづくりは始まったばかりである。

†四日市市の「あすなろう」

四日市市は、現在人口三一万人、県庁所在地の津よりも人口規模の大きい三重県を代表する都市である。高度経済成長期から石油化学コンビナートの中心であり、そのため公害のイメージも残る工業都市である。ただ、最近では、そうした歴史を逆手にとって、コンビナート・クルージングによる地域再生の街としても知られるようになった。

四日市市は、交通まちづくりの文脈では、「生活バスよっかいち」が紹介されることがある。[9] 二〇〇二年、三重交通バスの垂坂《たるさか》線（近鉄四日市駅前〜垂坂公園）が利用者の減少で廃止されたとき、地区全体でみれば近畿日本鉄道（近鉄）の霞ヶ浦駅に近いということもあって四日市市はコミュニティバスによる代替運行をしなかった。これに対し、住民が独自にバスの運行を模索、住民協議会による貸切バスで無料の実験運行を行った後、ＮＰＯ法人「生活バス四日市」を設立して、ＮＰＯ法人が市の支援を受けながら有償の路線バスを走らせたという経緯がある。このケースは、ＮＰＯ法人が路線認可を受けてバスを運行するという先駆的な事例で、現在も、近鉄霞ヶ浦を起点に九・五kmの路線を全線一〇〇円で月曜から金曜まで運行している。

四日市あすなろう鉄道の開業式典（2015年４月）
写真提供）三重県立四日市四郷高等学校

その四日市が、地域公共交通網形成計画の第一号となり、新たに注目されることとなった。二〇一五年四月に、存廃が議論になった近鉄の内部《うつべ》・八王子線が、四日市市も出資した四日市あすなろう鉄道に移管され、新たなスタートを切ったのである（図表5―4）。

四日市市の公共交通は、他の都市に比べると鉄道の割合が高く、バスが低い。二〇一〇年の状況を宇都宮市と比較すると、宇都宮市では平日の鉄道利用割合が四・〇％、バスが二・四％なのに、四日市市は鉄道が九・二％、バスが〇・九％である。これは、四日市には、ＪＲだけではなく、大手民

図表5－4　四日市市の鉄道

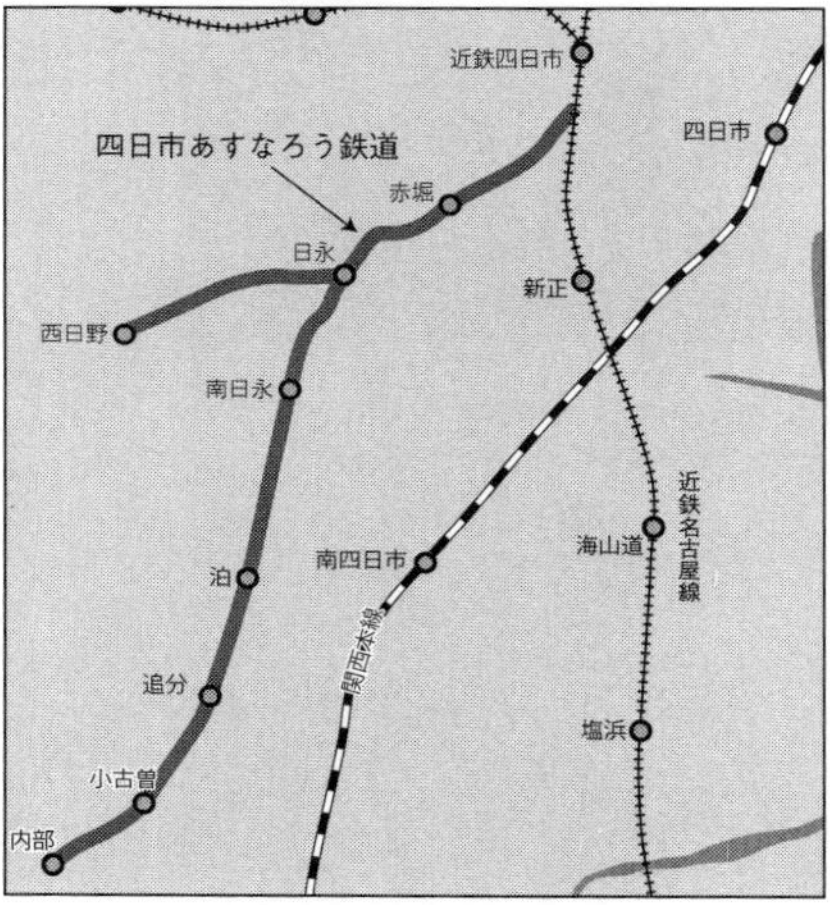

鉄の近鉄が幹線輸送を担い、さらに中心市街地にある近鉄四日市駅からは、近鉄の湯の山線と内部・八王子線という支線を有していたからである。

そのうち、内部・八王子線は、四日市から内部と西日野の二方向に向かい、沿線には学校や住宅が密集する都市型の路線である。ただし、路線長は内部線五・七km、八王子線一・三kmと短く、また、全国的にも珍しいナロー軌間というところに特徴がある。

世界的に標準軌と呼ばれる線路の幅は一四三五ミリで、日本では新幹線などが採用する一方、ＪＲの在来線は線路の幅が一〇六七ミリで狭軌と呼ばれる。これに対し、内部・八王子線は、さらに線路の幅が狭い七六二ミリの電車で特殊狭軌（ナローゲージ）と言われている。このような軌間の鉄道は、日本では今や、同じ三重県にある三岐《さんぎ》鉄道の北勢線しかない。会社名についた「あすなろう」もナローという言葉に掛けている。

内部・八王子線は、そうした特殊な鉄道であるため、車両も特殊で新車の導入が進まず、利用者が減少を続ける中、四日市市と近鉄は二〇〇七年から同線のあり方について協議を開始した。そして、二〇一二年、近鉄は、年間三億円弱の欠損を理由に鉄道運行を廃止し、線路跡をバス専用道路とするBRTへの転換を提案した。

これに対し、四日市市は鉄道での存続を要望、最終的に公有民営の「上下分離」による事業とすることで決着が図られた。すなわち、駅や線路、車両など鉄道施設（「下」）は四日市市が保有する一方、列車の運行は、近鉄が七五％、市が二五％出資する「四日市あすなろう鉄道」が受け持つ。鉄道車両や施設は近鉄から四日市市への無償譲渡、鉄道用地は無償貸与で、これらを四日市市が、四日市あすなろう鉄道に無償貸与するというスキームである。

このような「上下分離」の事業が成立するまでには、関係者のぎりぎりの交渉があった。

それまで経営していた近鉄は、会社全体としてみれば、大企業である。地方で経営に行き詰る赤字の公共交通事業者とは異なる。そのため、四日市市が事業を公費で支えることには四日市市民の中に反発があった。一方、近鉄としては何年も前から協議を行いつつも、方向性が見えぬまま、欠損を垂れ流す状態が続いており、何らかの打開策が必要であった。

さらに、バスか鉄道かといった点も議論になった。移動手段としては、バスの専用走行路を確保すれば、安価な費用で需要をカバーできると考える近鉄と、ピーク時の需要対応に対する懸念に加え、まちづくりの中で公共交通を位置づけ、鉄道ならではの存在価値を見いだす四日市市の間にも乖離があった。七km程度の路線で年間三六〇万人が利用する鉄道は、全国的にみれば、確かに輸送密度は高い。例えば、先に述べた富山ライトレールが、路線長七・六kmで年間一九〇万人が利用することをもって成功事例と語られていることを考えれば、内部・八王子線の役割の大きさがわかる。

そうした中で、四日市市が地域公共交通網形成計画において、「コンパクトなまちづくりの推進と郊外部の維持」、「『環境先進都市』への取組み」というまちづくりの方向性を明確にし、公費での支援を前提に既存の鉄道資産を活かすことで、質の高い公共交通を整備するという決断をしたことは、日本の交通まちづくりの新たな転換点となり得るものである。そのポイントは二点ある。

一点目は、中小の地域鉄道だけではなく、近鉄のような大手の事業会社が運営してきた公共交通に対しても、まちづくりという観点から公的な支えによって公共交通を再編するという動きを促すきっかけになる点である。実際、現在、近鉄がインフラを支える同じく三重県の伊賀鉄道などでも、こうした公有民営方式の検討が始まっている。

二点目は、四日市市のような中核都市以上の規模の都市において、鉄道やLRT、BRTといった基幹軸の公共交通を公有民営方式で整備し、これをまちづくりにつなげる動きを加速させる可能性である。コミュニティバスなどに対しては、既に多くの都市で公費が投じられたが、コンパクトシティ戦略を考えるときには基幹軸が重要になる。その際、公有民営方式は一つの基本となる。法律が改正されても、鉄道関係の通達類は公有民営方式による「上下分離」などというケースを想定しておらず、事業を進めるには相当な苦労があった。しかし、四日市あすなろう鉄道は、そうした課題を乗り越え、パイオニアとして可能性を切り拓いた。富山市や宇都宮市が例外的にとりあげられるという時代から、地方中核都市が共有できる公共交通の実践的なモデルを示すものになるであろう。

ただし、四日市市の地域公共交通網形成計画が、街の再生にどの程度効果があるかは、今のところ不明である。内部・八王子線に関していえば、富山港線から富山ライトレールへの転換のような全面的なリノベーションではないため、老朽化した施設や車両を使い続けており、利用者からみた新鮮味はない。スイスやオーストリアでは同様のナローゲージの鉄道にも、スタイリッシュな新車が導入されているが、日本では資金面で実現できないという。

一方で、近鉄時代に比べ、四日市あすなろう鉄道の運賃は値上がり、近鉄の名古屋本線との乗換えの際にはさらに初乗り運賃が加算されるため、当面、利用者の減少は避けられない。四日市市は「運賃改定や利用促進などにより収益を確保しつつ、……黒字化を目指し」としているが、そもそも「黒字化」を目指すという考え方がよいのか。富山市ライトレールの計画では、当初から「黒字化」という文言は聞かれなかった。「黒字化」を目指すことが、利用者の公共交通離れを加速することになれば、その先にある「コンパクトなまちづくり」や「環境先進都市」を目指すことができない。短期的な利用者の動向や収支で判断してはいけないが、未来に向かう「あすなろう」が育つかどうか、今後が気になるところである。

図表5－5　京都丹後鉄道路線図

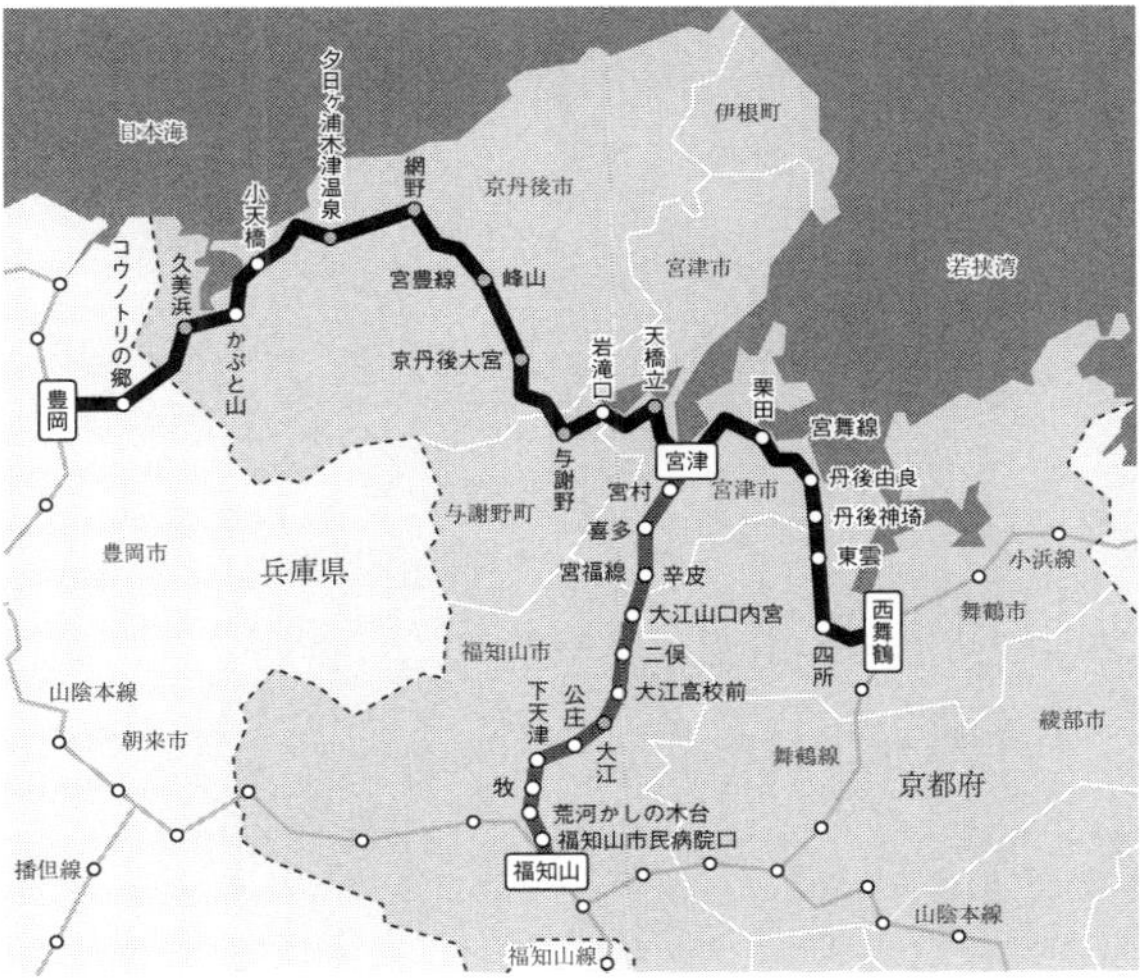

出典）京都丹後鉄道ホームページ

海の京都の「上下分離」

地域公共交通網形成計画の第一号として認定されたもう一つの計画は、京都丹後鉄道を中心とする「北近畿タンゴ鉄道沿線地域公共交通網形成計画」である（図表5―5）。こちらは、ここまで述べてきたケースとは異なり、京都府の日本海側に位置する複数の地方都市とその周辺の交通まちづくりである。具体的には、JRのローカル線を受け継いだ第三セクター北近畿タンゴ鉄道が、二〇一五年四月、京都丹後鉄道として再スタートする機会に、沿線の自治体七市町と京都府、兵庫県が取りまとめた。沿線には、日本三景で知られる天橋立があり、「海の京都」として観光でも注目されているが、人口密度は低く、過疎化が進む集落といくつかの都市が点在する地域である。したがって、コンパクトシティといっても、それぞれの地域の核となる都市を既存の鉄道を活用することで、「圏域としての都市機能を相互に分担・補完しあい、生活水準の維持・向上を図ることで一定の人口規模の維持を目指す地域高次共同生活圏（コンパクト&ネットワーク）の構築」に主眼がある。

実は、この地域の一つ、京丹後市は、交通まちづくりに関心のある人にとっては比較的よく知られている。それは、「上限二〇〇円」バスを導入し成功を収めたからである。京丹後市は、二〇〇四年に峰山町や網野町など周辺六町が合併し、市域も五〇〇平方キロメートルに拡がった。そこで合併後の広い市域に公共交通を活かしたまちづくりを行おうと、路線バスの上限運賃を二〇〇円とする実証実験を行い、二〇一〇年の本運行に至ったという経緯がある。当初は限られた路線であったが、最終的には市域全体に上限二〇〇円は拡がり、従来であれば、一〇〇〇円以上の路線も二〇〇円で乗れるようになった。

しかし、本施策が成功と言われるのは、単に運賃を下げて利用者を伸ばしたからだけではない。事前に綿密な調査を行うことで二〇〇円という最適な運賃を算出し、利用者の伸びによって収入をむしろ増加させたことにある。具体的には、制度を導入した二〇〇六年から二〇一二年まで、利用者は二・三倍になり、運賃収入も一・三倍になった。その結果、市の補助金額は同じ期間で一八〇〇万円減少したのである。

行政側に、コミュニティバスで運行経費を削減するという発想はなく、従来通りの路線バスで、「地域の企業と一緒になってまちづくりを盛り上げていくことが、重要である」という意識があり、「鉄道と路線バスは、人間の体の心臓や動脈・静脈」であるという考え方があった[10]。つまり、交通政策基本法以前に、交通とまちづくりを一体で取り組み、実践していたのである。

このように、京丹後市での取組みは注目されたが、もう一つの「動脈」であった以前の北近畿タンゴ鉄道は不振が続き、日本一の赤字鉄道として、設備投資もままならぬ状態が続いていた。夏場にもかかわらずエアコンの容量が足りず、蒸し暑い車両は、その錆びた外見も含め、いつ廃止されてもおかしくないような状態であった。

しかし、公共交通を見直そうという動きの中、行政や住民が一体となって打開策をさぐり、観光列車「丹後あかまつ」「丹後くろまつ」号を投入する一方、新たな運営体制を模索した。その結果、第三セクターである北近畿タンゴ鉄道はインフラ所有のみを行い、運行は別途の事業者が担う「上下分離」を採用し、あわせて地域全体を「コンパクト&ネットワーク」という交通まちづくりで再生していこうという動きになったのである。

ここで関心が集まったのは、「上下分離」による運行事業者である。「上下分離」そのものは「四日市あすなろう鉄道」も同じであるが、運行事業者を決めるにあたり、欧州のような競争入札とまではいかないものの、事業者を公募し、最も優れた提案を採用するというプロセスを採ったのである。さらに、世間を驚かせたのは、最終的に運行権を勝ち取った主体が、高速バス会社として急成長したウィラー・アライアンスだったということである。

開業セレモニーを終えて出発する京都丹後鉄道の「あおまつ」

ウィラー・アライアンスは、ウィラー・トレインズというグループ会社を設立し、二〇一五年四月から京都丹後鉄道という通称で運行を開始した。外見上、目に見える大きな変化がすぐに表れるわけではないが、さまざまな企画乗車券を発売するなど、新たな手を打ち始めている。例えば、福知山から豊岡まで八九kmを片道乗るだけで一八〇〇円かかるのに対し、週末の全線（一一四km）の乗り放題ファミリー切符は、大人二名・小児二名まで乗れてインターネットでは二〇〇〇円で購入できるといった具合である。しかも、ウィラー・トレインズのホームページには、「『交通革新』と『まちづくり』が連携することで、地域の価値を向上する」とあり、高次元の交通ネットワークの実現のほか、若い人の雇用創出や、将来の交通、まちづくりを担う人材の育成といったことまで述べられている。ちなみに、京丹後市の「上限二〇〇円バス」の導入に奔走した職員は、前章で述べた「再生塾」出身の若手であり、京都丹後鉄道の運行にあたっても「再生塾」出身者が活躍している。やはり人材が鍵を握る。

もっとも、このような新たな事業者の運行を地域価値の向上に結実させるためには、多くの課題がある。本章で述べた他の都市は、それなりの人口が集積しているが、京都丹後鉄道の沿線は、人口自体が元々多くない。そうした中で、どの程度の人を公共交通に呼び戻せるかは未知数である。そのためには、利便性の向上が不可欠であるが、京都丹後鉄道は、今のところ従前の車両や施設を使用せざるを得ず、新たなダイヤ編成もままならない。車両面に関しての一つの解決策は、このような新たな運行会社が、安価に車両をリースしたりレンタルできるような市場を作ることだが、そうした市場がすぐにできるわけではない。課題山積みの中での新たなスタートなのである。

第六章　ドイツ・フランスの成果とその背景

日本における交通まちづくりの実践は始まったばかりである。富山市で一定の成果がみられるものの、多くの都市はこれからである。これに対し、欧米ではすでにかなりの成果がみられる。欧米の場合、自家用車の普及に伴うスプロール化とともに、産業構造の変化に伴う旧市街の衰退、移民の増加や貧富の拡大など、都市の問題はより深刻なケースが多かった。そうした中で、まちづくりに対するさまざまな取組みがなされてきたが、交通の仕組みを変えるということが、都市再生の鍵の一つであったことは間違いない。

本章では、そうした欧米の動きの中から、ドイツとフランスにおける交通まちづくりの成果を見ていきたい。[1] ただし、欧米における交通まちづくりの具体的なケーススタディは、現地在住の研究者らによる優れた紹介があるので、ここでは個別成功事例を取り上げることはしない。[2]

これまで語られていないのは、成功例も失敗例も含め、さまざまな事例を網羅的にデータとして集計し、あるいは均してみた結果の分析である。そのうえで、国あるいは地域全体としてどのような成果が表れているのか、その背景は何かという点を中心に述べていく。

†高齢化が進む自動車大国ドイツ

ドイツの諸都市を旅すると、大都市圏はもちろん、人口二〇万人にも満たない都市であっても、中心市街地に活気がある。ドイツの場合、人口二〇万人前後の都市であれば、ほとんどの都市で路面電車や新たなＬＲＴが整備されており、その数は五〇都市を超える。日本であれば、シャッター街、あるいは空き地や駐車場ばかりが目立つ規模の地方都市であるが、平日の日中であっても、ドイツのトランジットモール（公共交通と歩行者のみの商店街）は人波が絶えない。

ところが、データをみると、モータリゼーションや人口減少、高齢化といった悩みは、ドイツも変わらない（図表6―1）。むしろ、戦後、奇跡の復興を遂げた旧西ドイツは、日

図表6-1　ドイツの人口・乗用車台数等の推移

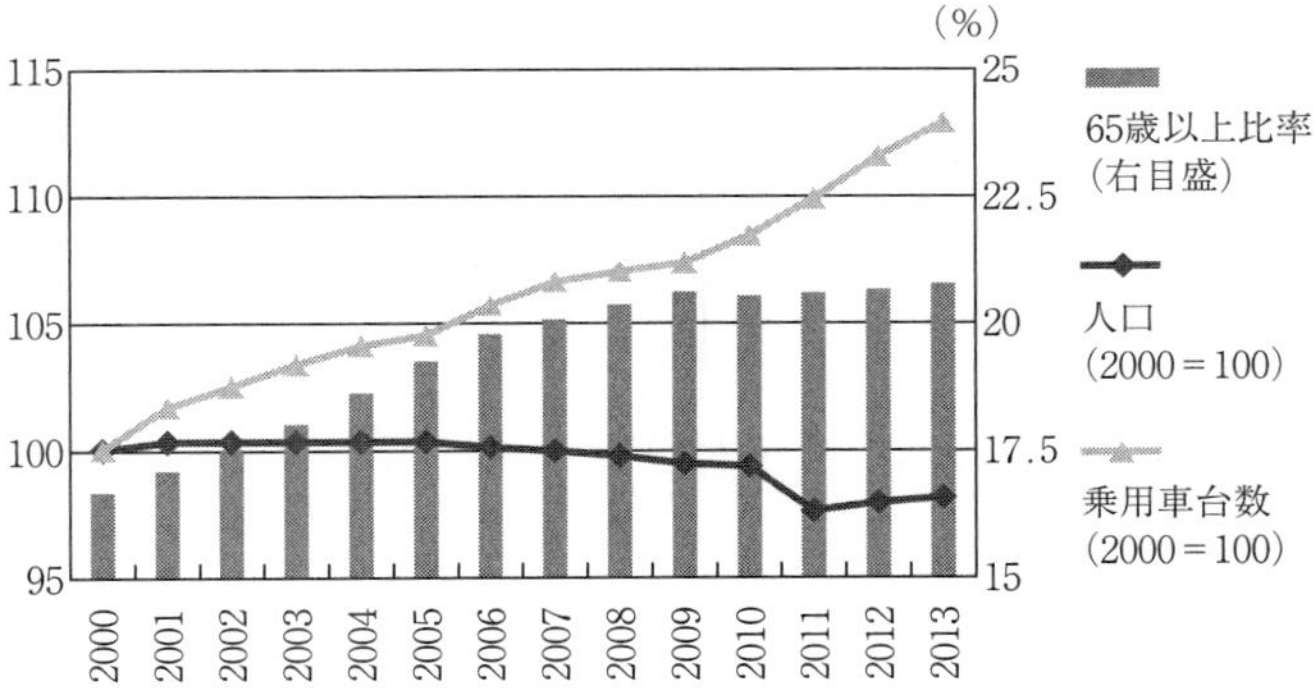

資料) Statistisches Bundesamt, "Statistisches Jahrbuch"
Verband Deutscher Verkehrsunternehmen, "VDV Statistik"
Bundesministerium für Verkehr und digitale Infrastruktur, "Verkehr in Zahlen"

本以上に早くから街中には自動車があふれた。実際、西ベルリンやハンブルクといった大都市では路面電車が廃止となり、それ以外の地方都市でも路面電車は、自動車にとっての邪魔者とされた。環境首都として知られ、市内の自動車乗り入れ規制を実施している中西部の大学都市フライブルクも、一時は路面電車の廃止を検討し、一部廃止された。

しかも、ドイツは日本と同様、自動車産業が国の基幹産業であり、クルマ社会である。これは、環境問題が意識されるようになった今日でも変わらない。二〇〇〇年以降でみても、乗用車保有台数は伸び続けており、千人当たりの乗用車台数は、日本が四六五台なのに対し、ドイツは五一七台とかなり多い。[3]

商店街を行くドイツのエアフルト市のトラム

また、人口減少、高齢化という点でもドイツは日本の先を行っている。総人口は、二〇〇二年をピークに減少に転じ、二〇〇七年には六五歳以上の人口が、全人口の二〇％を超えた。かつて労働力不足を移民で補ったが、移民してきた人たちも高齢化している。高齢化の進み具合が急速だという点では、日本のほうが深刻かもしれないが、決して日本だけが特別な状況に追い込まれているわけではない。

にもかかわらず街の賑わいには大きな差がある。それには、ドイツと日本の街の構造の違いを理由とする論者もいるが、これもあまり説得的ではない。確かにドイツの場合、教会と市庁舎を中心にコンパクトに街がまとまっている印象があるが、日本の都市もかつては市役所が中心にあり、都市機能が集約されたコンパクトな都市であった。

そもそも、日本の地方都市も一九七〇年代ぐらいまでは、今のドイツと同様の賑わいをみせており、公共交通の利用者も多かった。一方、ドイツの場合も、市庁舎の周りの広場が駐車する車両で埋め尽くされていた時代がある。つまり、それ以降の都市計画や交通政

図表6－2　ドイツの交通分担率（宇都宮市との比較）

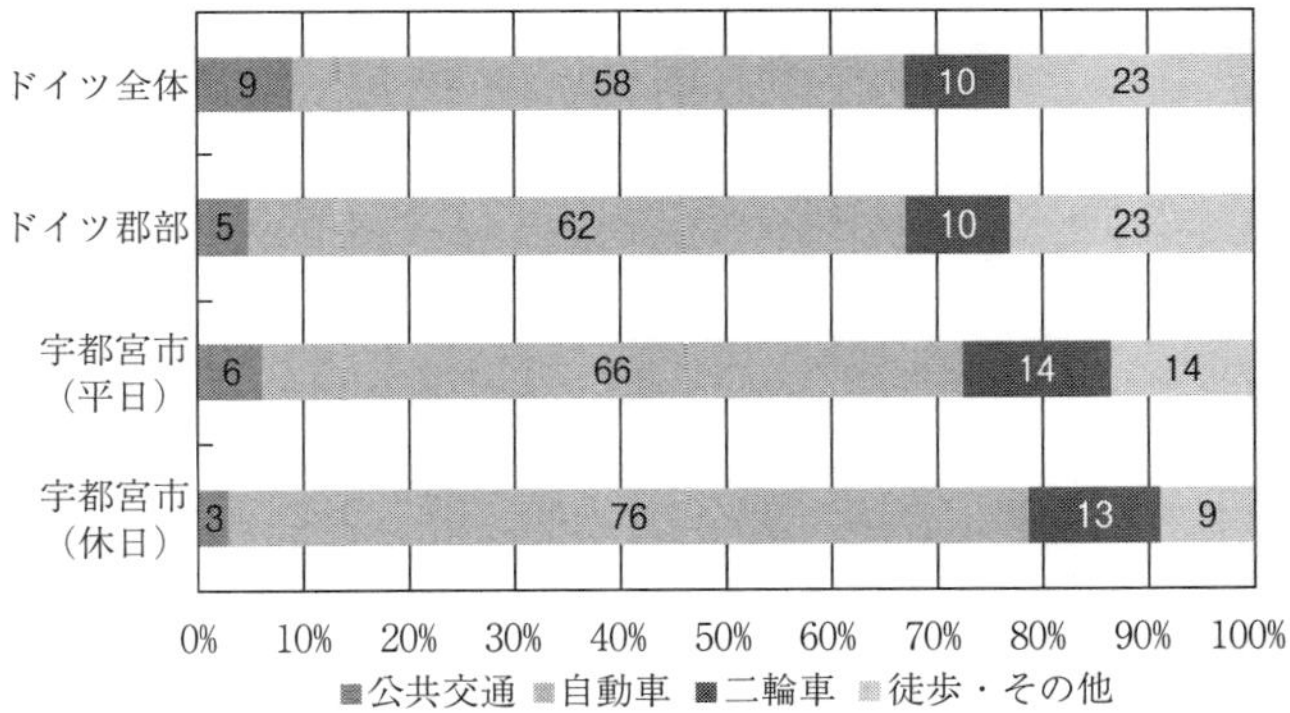

資料）"Mobilität in Deutschland 2008"（http://www.mobilitaet-in-deutschland.de/02_MiD2008/index.htm）
「平成22年度全国都市交通特性調査」（http://www.mlit.go.jp/toshi/city_plan/toshi_city_plan_tk_000007.html）

策の違いが、現在の差をもたらした可能性が高い。

†増え続ける公共交通利用者

次にドイツの公共交通利用者について、事実関係を確認しておこう。ドイツは、クルマ社会であると述べたが、仕事やレジャーなどの移動手段の割合（分担率）でみると、ドイツの場合、自動車での外出が五八％を占めるのに対し、公共交通の割合は九％で、自動車の割合は決して低くない。とはいえ日本の場合、東京都市圏や京阪神都市圏で、自動車の割合は三分の一と低いものの、地方都市になると姿は異なる。先にみたとおり、宇都宮市など、地方中核都市でも自動車の割合が六〜七割となっており、これはドイツの郡部の自動車の比率六二%よりも高い[4]（図表6―2）。しかも、ドイツでは、自動車の割合が相対的に若干減じているのに対し、日本は増加し続けている。[5]

この点についてドイツの公共交通の利用者の推移を二〇〇二年から二〇〇八年でみると、日本と異なり、大都市圏以外においても、利用者が増加し続けていることがわかる（図表6―3）。ドイツの場合も、ドイツ鉄道（旧ドイツ国鉄）のローカル線には閑散としたところが多いが、数多くの地方都市では、路面電車を廃止せずに残している。

図表6-3　ドイツ（除く大都市圏）の地域公共交通利用者の推移

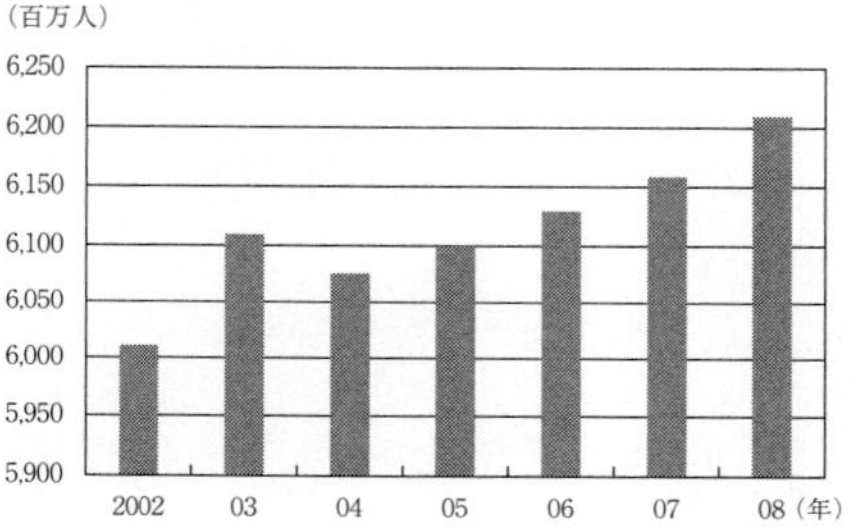

注）除外した大都市圏とはベルリン、ハンブルク、ブレーメンの3都市州 (Stadtstaat)
資料）Verband Deutscher Verkehrsunternehmen, "VDV Statistik"

それどころか、車両の更新や長編成化による輸送力の増強、電車優先信号の設置や専用軌道化などにより、路面電車を比較的早い時期からアップグレードさせる形で利便性を増大させてきた。いわば旧来の路面電車をＬＲＴ化することにより、ドイツの地域公共交通の利用者を増加させているのである。例えば、二〇〇三年から二〇〇八年までの大都市圏を除くデータでみると、バスの輸送量が五％減少する中、軌道系のＬＲＴの輸送量は一〇％増加している。こうした交通の整備が地方都市の賑わいをもたらし、さらにそのことが公共交通の利用者の増加につながっているものと思われる。

ちなみに、東西ドイツの格差といった点が指摘されるが、公共交通の利用頻度という点では、実は所得の高い旧西ドイツの方が、旧東ドイツ（除ベルリン）に比べて利用頻度は四割以上高い（二〇〇八年）。

†トラムが急拡大したフランス

ドイツの隣国フランスも、二〇一五年現在、国中の二八都市に真新しいトラム（フランスでは新しいＬＲＴもトラムと呼ぶ）が走り、中心市街地が賑わっている。フランスの場合、ドイツや日本と異なり人口が増え続けており、高齢化の進み具合もそこまでではないが、クルマ社会という点ではドイツと同じで、人口千人当たりの乗用車台数は四九六台と日本よりも多い。

フランスがドイツや日本と異なるのは、初期の路面電車を、ごく一部を除き、ほとんど

フランス・ナント市の市民とトラム

廃止してしまったという点である。日本でいう私鉄が、都市交通として大きな役割を担っている都市もない。そうした中、二〇〇〇年前後から、トラムが加速的に普及し、街の姿が変わったのである。

フランスのトラムの導入都市は図表6―4のとおりである。ナントの勅令で有名な大西洋側のナント市で、一九八五年新たなトラムができて以降、アルプスの麓の街グルノーブル、首都のパリ、そして今やトラムによるまちづくりで有名になったアルザス地方のストラスブールが一九九四年に開業した。これらの都市の成功を受けて、その後各地でトラムの計画が立てられ、二〇〇〇年以降は、さほど人口が多くない地方都市が次々とトラムを開業させている。

フランスの場合、行政区域が日本と異なり、都市の面積は日本より小さいが、それでも、日本では人口二〇万人に満たない都市がトラムを導入していることには変わりない。なお、ここでいうトラムには、バスのようにゴムタイヤを用いて、ガイド用の一本のレールで走るシステム[6]も含んでいる。

図表6-4　フランスのトラム導入都市

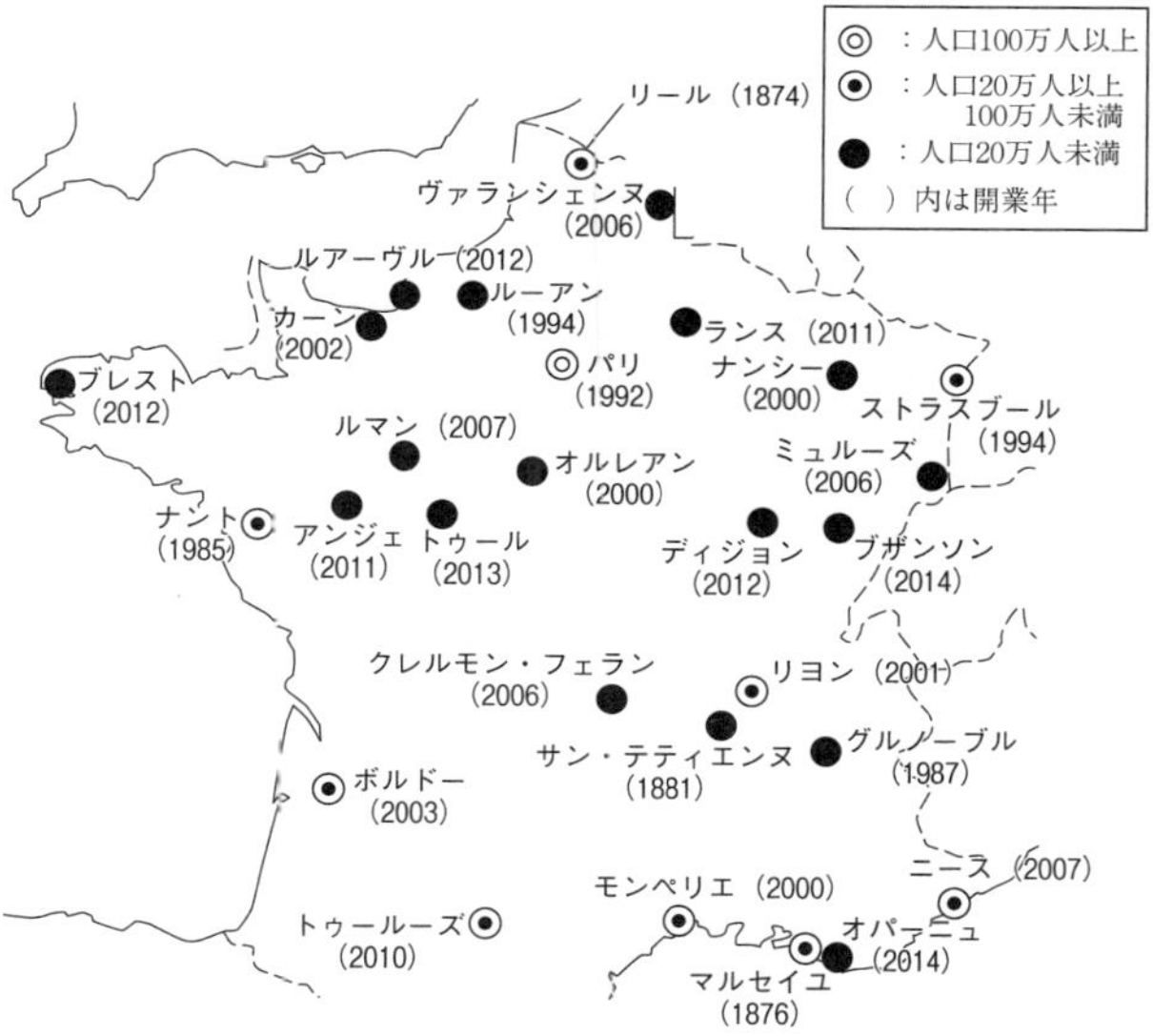

◎ ：人口100万人以上
⦿ ：人口20万人以上100万人未満
● ：人口20万人未満
（　）内は開業年
リール（1874）
ヴァランシェンヌ（2006）
ルアーヴル（2012）
ルーアン（1994）
カーン（2002）
ランス（2011）
パリ（1992）
ナンシー（2000）
ブレスト（2012）
ストラスブール（1994）
ルマン（2007）
オルレアン（2000）
ミュルーズ（2006）
ナント（1985）
アンジェ（2011）
トゥール（2013）
ディジョン（2012）
ブザンソン（2014）
クレルモン・フェラン（2006）
リヨン（2001）
サン・テティエンヌ（1881）
グルノーブル（1987）
ボルドー（2003）
ニース（2007）
モンペリエ（2000）
トゥールーズ（2010）
オバーニュ（2014）
マルセイユ（1876）

図表6－5　フランス・トラム導入都市の利用者数

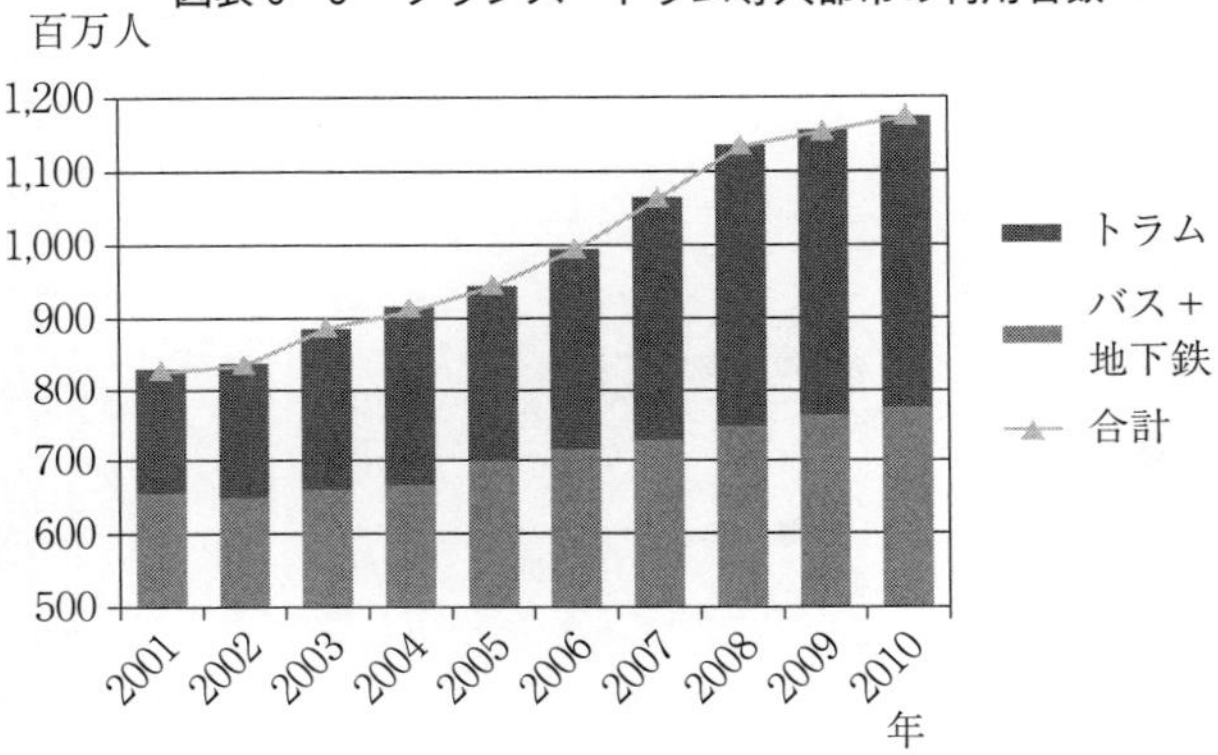

注）ここでのトラム導入都市とは、当該期間のデータが利用できるグルノーブル、リヨン
ナント、ナンシー、ミュルーズ、ニース、サン・テティエンヌ、オルレアン、ストラスブ
ル、カーン、クレルモン・フェラン、ルマン、モンペリエの12都市圏。なお、これら都市
には、一部管轄範囲が拡大したケースも含まれる。
資料）CERTU 'Transports collectifsurbains"

†フランスと日本・ドイツの違い

フランスでは、核となる都市に周囲の市町村も含めた「都市圏」という単位で、交通計画が策定される。そうした都市圏ごとにデータをみると、いずれの都市圏も公共交通の利用者が大幅に増えている。また、データを詳しく検証すると、トラムの導入によって、各都市圏では公共交通全体の利用者がその時点で大きく増加していることもわかる。[7] さらに、トラムの利用者の増加とあわせて、バスや地下鉄の利用者も増加しているのである（図表6―5）。

フランスの場合、路面電車がほとんど廃止されたため、クルマ利用を前提に、少しずつ公共交通の利用を促し、市民を街中に誘導する必要があった。そこで、トラムの計画段階から、郊外部には大規模なパークアンドライド設備を設け、そうしたパークアンドライド設備のあるトランジットセンターと中心部を結ぶ形でトラムを新設した。

ドイツや日本との違いは、まだある。日本の場合、ガソリン価格が高くなれば、公共交通の利用者が増え、低くなれば公共交通の利用者が減るという関係があり、ドイツでもそうした関係を見いだすことができる。経済学でいうところの交差弾力性、つまり代替手段の価格の変動が需要に影響を及ぼすというものである。ところが、筆者がフランスのデータで分析を行ってみると、フランスでは必ずしもそうした明確な関係が出ない。

同じように、日本やドイツでは乗用車の登録（保有）台数の増減は公共交通の利用に影響を与えるが、フランスではこうした関係も見いだせない。これらの結果も、フランスの人々にとって、自家用車と公共交通がお互い対立する

ストラスブール市（フランス）のパークアンドライド設備

乗り物ではないことを示唆する。

郊外の住宅から都心に出かけるときは、まずクルマで出かけ、パークアンドライド設備を用いてそこから公共交通に乗る。ガソリン価格が安くなるとクルマに乗り、かつ公共交通も利用するということである。実際、フランスの交通分担率の変化をみると、都心部では一九九四年に乗用車の分担率が六二・三％であったものが二〇〇八年に六〇・八％に減少しているのに対し、郊外では同時期に八〇・三％から八二・四％に増加している。[8] クルマと公共交通の棲み分けが進んでいるのである。

†ドイツ・フランスで交通まちづくりが成功している背景

ドイツやフランスがクルマ社会であるにもかかわらず、公共交通の利用者を伸ばした背景には、クルマと共存できる公共交通を育てる交通政策がある。欧州の鉄軌道が再生された具体的な経緯については前著『鉄道復権』で述べているので、ここでは、主なポイントを整理しておこう。

ドイツとアメリカを比較した研究者、ビューラーとプーカーは、ドイツがいかに公共交通の利用促進を政策的に行ってきたかを詳細に分析しており、この点は、独仏と日本との間の比較でも適用できる。[9]

彼らがあげたポイントは、第一に、サービスの拡大・改善を図ってきたこと、第二に、魅力的な運賃とチケットを提供してきたこと、第三に、地域やモード間のサービスや運賃の調和、統合を行ってきたということ、第四に自家用車の利用抑制のための、課税や交通規制を実施してきたこと、第五にコンパクトシティ戦略のための土地利用政策を行ってきたことの五点である。

†公共交通のサービス拡大・改善

具体的にみると、第一の公共交通のサービスの拡大・改善という点では、ドイツもフランスも、既に述べたように軌道系都市交通の導入や改良を行い、サービスの範囲を拡大させてきた。先に輸送力の増強、定時性の確保について述べたが、場合によっては、既存の路面電車を活かしつつ、混雑の激しい所を地下化するなどして、新規路線の建設を行った。

特に、フランスの場合は、一九九〇年代半ば以降、バリアフリー構造のトラムを中心に軌道系の都市交通が急速に普及した。パリを除く三二の地方都市圏でみたバスも含めた公共交通のサービス（走行キロ）は、一九九八年からの二〇一〇年までの間で、三割増加している。

フランスについては、第三章で一九八二年の国内交通基本法に言及したが、基本法の下、さらに実効性のある法律が制定され、基本法そのものも改正されていった。具体的には、各市町村（コミューン）やその連合に都市圏交通機構を設置させ、都市圏交通計画の立案と実施を行わせるようにした。そして、一九九六年のLAURE法（ロール法：大気とエネルギーの効率的な利用に関する法律）の制定により、人口一〇万人以上の都市圏に計画策定を義務付けられることになった。このとき、国内交通基本法には、都市圏交通計画の目的条文が追加され、その中には「自動車交通の削減」が謳われている。

また、二〇〇〇年になると、SRU法（都市再生との共同責務に関する法律）の制定により、都市圏交通計画と土地利用等の都市計画との連携も図られた。そして、二〇一〇年には、国内交通基本法の内容に、都市圏交通計画制度も法文として取り込み、その他あらゆる交通事業についての規定を包括した「交通法典」が制定されている。これは、かの「ナポレオン法典（民法典）」と同格の扱いである。このような交通計画と都市計画が連携した制度整備の下で、各都市はトラムの導入といった交通事業を大胆に進めたのである。

†サービスを統合し運賃も下げる

第二点目の魅力的な運賃とチケットの提供は、第三点目の地域・モード間のサービスや運賃の調和と併せて、各国・地域が長年取り組んできたものである。

具体的には、ドイツの場合、自治体や交通事業者などが運輸連合を形成している地域が多く、フランスにおける都市圏交通同様、都市とその周辺を合わせた一定の範囲で、公共交通の計画・整備が一体的になされるようになった。

そのため、いずれの国も各地域内では、バス、電車といったモード間の区別はなく、運賃が統合されている。利用者はいちいち初乗り料金を支払って切符を買い運賃を支払う必要はない。しかも、各地域には、安価な定期券が提供されており、回数券、一日乗車券も大幅な割引がある。単純に一回の乗車券を買うと、日本とさほど違いはないが、実際に利用者が支払う平均運賃を計算すると、ドイツは四km当たり〇・五五ユーロ（約八五円）、フランスは都市内均一区間で〇・五ユーロ（約七七円）とかなり安い[10]。

こうした安価な運賃には、所得が低く、自家用車を保有できない社会階層に対する社会政策的な意味合いも込められているが、今では、中流以上の市民が公共交通を抵抗なく普通に利用しており、やはり価格面での魅力は大きい。

さらに、地域の単位で公共交通のサービスが統合されているため、たとえ実際の運営主体が国鉄であろうと、各都市から委託を受けた民間事業者であろうと、ダイヤ調整が行われ、乗換えなどの利便性が損なわれないような配慮がなされている。路面電車とバスが同一ホームで乗降できる都市も少なくない。そうしたホームでは、次に発車する系統の電光掲示板には両者区別なく表示される。日本のように、会社別に停留所の案内標識がいくつも立っており、路線図には他の会社の路線が表示されていない、ダイヤ調整もなされていなければ、運賃も異なるという状況とは大きく異なる。

†自家用車といかに共存するのか

第四点目の自家用車の利用抑制のための政策にも触れておく必要がある。クルマ社会が浸透し、多くの人が自家用車を保有するからこそ、ドイツやフランスでは、政策にメリハリをつけ、公共交通の利用促進につなげている。

日本の場合、自家用車を取得する際に、相当の税金がかかる一方、利用する時の税額は欧州と比べると安価である。[11] ＯＥＣＤ加盟国三二カ国で比較すると、日本はガソリン一リットルあたりの税負担率は二八位で、揮発油税、地方揮発油税及び石油石炭税に、地球温暖化対策のための特例課税を加えても三六・八％、これに消費税を合わせて四一・五％程度である。

一方、欧州諸国は、付加価値税を除く個別の間接税で、四〇％前後、これに付加価値税が一五％以上付加されるので、五五％を超えることになる。公共交通の運賃が安価であることと相まって、自家用車から公共交通へのシフトが政策的に促されているのである。

ちなみに、各家庭の自動車関係の消費支出の割合について、ドイツ、フランス、日本が比較可能なデータでみると、平均では、フランスが消費支出の一四・二％、ドイツが一三・三％を自動車関係の支出に充てているのに対し、日本は七・二％とフランスの半分程度である。[12]日本については、大都市圏で公共交通が発達しているため平均値を下げている面があるが、例えば先にみた人口五二万人、自家用車の交通分担が七割前後という宇都宮市でも、自動車関係支出は七・二％と全国平均になっている。日本では相対的に少ない支出で、自動車を使うことができるのである。

ただし、このことは言い換えれば、ドイツ、フランスでは、高い費用を払っても、引き続き自家用車を利用している人が多いということも示している。郊外になれば、公共交通の便が必ずしも良くないところに住む市民もいるわけで、そうした市民に対して自家用車利用を制限するわけにはいかない。

先にフランスのパークアンドライド政策を述べたが、近年の海外における駐車場政策は徹底している。新しく導入されたパークアンドライド駐車場は、数百台・数千台規模に達し、かつては無料であった都心部の駐車場を有料にして、逆にパークアンドライドのための駐車場は無料にするといった誘導策が行われている。つまり、自家用車を利用する市民も、なるべく都心では公共交通を利用してもらおうというのである。

そのため、都心部の自動車交通規制も進んでいる。ドイツ中西部のフライブルク市やフランスのストラスブール市における自動車交通規制と公共交通優先政策は広く知られているが、今やドイツやフランスでは、ある程度の都市であれば、自家用車が規制された商店街が存在し、そこを路面電車やバスが通るトランジットモールがある。自動車が通る道路も、都心部では一律速度規制があり、自動車で入ることができたとしても、街中を通過できないようにしているところもある。

もっとも、そうした規制は一朝一夕になされたわけではない。自動車による来客が減少するのではないかという商店主からの反対もあった。通過交通をさばくために、市街地の周辺には、環状道路を整備する必要もあった。それでも、自動車の流入規制を段階的に行い、住民を説得しようという試みがなされてきた。自動車が入らない空間の良さを感じてもらいながら、徐々にそうした空間を広げ、クルマと公共交通の棲み分けと共存を実現してきたのである。

†厳しい土地利用規制

第五点目の土地利用規制についても、ドイツとフランスで制度的な違いはあるが、いずれの国も日本より規制は厳しい。日本の場合も、都市計画法の下で「線引き」と言われる制度により、市街化区域と市街化調整区域に分けられ、後者については、開発規制がかかる。しかし、そうした区分がなされていない非線引き区域も含め、市街化区域においては、比較的規制は緩い。

これに対し、ドイツでは、例えば、建築利用令により延べ面積一二〇〇㎡超の店舗の立地は、土地利用計画に基づき作成される詳細プラン（Bプラン）上で「中心地区」、「特別地区」と指定された区域のみで立地可能という措置が採られており、郊外型ショッピングセンターの立地には厳しい規制がかかる。

また、フランスにおいても、一九九六年のラファラン法によって、三〇〇㎡以上の商業系床の新設、増設及び商業施設の用途変更に許可制が導入された。そして二〇〇〇年のSRU法では拡散的な都市化の進行の抑止が図られ、「既成市街地以外での建設可能性制限の原則」の下、地域都市計画（PLU）を定めていないところは全国いかなる場所においても、原則として開発や都市化が制限されている。[13]

†ドイツ・フランスの経験を活かすために

海外の成功事例は直接日本に適用できるとは限らない。法的な制度も歴史的経緯も異なる。公共交通に関していえば、大都市圏はもちろん、地方都市といえども民間事業が運行し、赤字であれば、「無駄」とさえ言われる日本とは根本的に差異があるようにもみえる。けれども、乗用車が増え続け、都市のスプロール化、環境悪化が進む中で、公共交通のサービスは下がり、利用者が減っていった経緯は欧州でも同じである。ドイツでは、コンパクトシティという理念に加え、「縮小都市」というより実践的な考えの下、都市の「再構築」も始まっている。人口減少や産業構造の変化に伴い、空き家の増加、工場跡地の点在など、一旦広がった都市に穴が開き始めたところで、これらに対応すべく、過剰なインフラの整理、住宅の取壊しといった都市の縮小を具体的に進めている。そうした中で、公共交通についても、ドイツやフランスでは、運賃やサービスを統合し再編して利便性を向上させ、土地利用と交通を一体にした計画で、まちづくりを進めてきたのである。

欧米では、公共交通の整備は基本的に公的資金に依存する。このような交通政策が実行できた背景には、財源面での措置があった点は重要である。ドイツであれば、日本のガソリン税にあたる鉱油税による収入が公共交通にも適用される。

また、フランスの場合、一定規模の事業所は交通税（交通負担金）を支払っており、得られた資金が公共交通の整備に充てられる。特に、鉄軌道を中心とした路線の延長・改良は、こうした財源に支えられている。二〇一〇年に定められた交通法典では、利用者のほか、公共団体や利用者以外の民間の利害関係者も公共交通の財源を負担するという主旨の条文がしっかりと明記されている。[14]

一方、日本の財政状況が厳しい中、公共交通のための特別な財源は存在しない。地域公共交通活性化・再生法や都市再生特別措置法における財政措置が講じられているが、限度はある。

とはいえ、財源面の差異も決定的かといえばそうではない。日本でも、かつては地下鉄やモノレールが、政府の補助金によって次々と整備されてきた。確かに、財政状況は厳しいが、鉄軌道のＬＲＴを整備するとしても、従来の地下鉄やモノレールに比べれば圧倒的に安価である。用地買収のない路上敷設のＬＲＴであれば、車両も含めた総工費がキロ当たり二〇億円〜三〇億円とされる。街の地下駐車場に一〇〇億円以上が出費されることを考えれば、五キロ程度のＬＲＴができてしまう。

現存の路面電車では運行面で利益が出ないケースは多いが、そもそも全国に一九ある路面電車事業の営業収益を合計しても二七一億円、営業経費は二九九億円にしかならない（二〇一三年度）。言い換えれば、全国の路面電車の運賃を全て無料にしても、必要な補助は三〇〇億円に満たない。この数字には大手民鉄の二路線も含まれているので、それらを除いた合計では、それぞれ収益と経費は二三〇億円、二四三億円となる。これは、例えば、二〇〇九年春の高速道路の休日上限一〇〇〇円の措置（一年分）に費やした補正予算二五〇〇億円と比べると、その一〇分の一、同時に行った高速道路の深夜割引等（一年分）のための二五〇〇億円の予算も加えると二〇分の一である。要は、優先順位の問題なのである。

今後の交通まちづくりのために採るべき政策は、第九章でまとめる。

第七章　費用対効果を考える

欧米先進国のような交通政策を日本において広げようとすると、特に地方の自治体や政治家、さらには一般市民からも反対論がある。一つには、今なお自動車を優先したいという意識が強いことがあるが、別の反論として、交通投資に対する「費用対効果」を疑問視するものがある。この点についても、既にいろいろな議論がなされてきたが、重要な点であるため、本章で改めて整理したうえで、筆者なりの考え方を述べたい。

†費用便益分析という手法

国や地方自治体が公的な事業を企画する場合、民間ビジネス同様、事業にかかる費用とそこから得られる効果を比較しなければならない。ただし、民間ビジネスと異なり、事業の効果は収益として表れるとは限らない。通常の道路建設であれば、何ら金銭的な収益は発生しない。考慮すべき効果とは、社会全体にとってどの程度有用なものであるか、つまり社会的な便益の大きさである。

費用については、建設費や運営費など金銭的なものが主であるが、例えば道路の開通によってもたらされる騒音なども社会全体にかかる負荷として考える必要がある。しかも、公共事業の場合、資金の出所は広く国民から徴収した税金である。そのため、万人が納得する基準が必要となる。

そこで、金銭的には表面化しないものも含む社会的便益と社会的費用を比較し、費用対効果を判断する方法として、費用便益分析という手法が用いられる。そこでは、測定された便益を費用で除した比率が一以上であるか否かといった指標が用いられる。

もっとも、社会的便益、社会的費用は、簡単に計測できるものではない。交通インフラのプロジェクトでは、社会的便益には、利用者にもたらされるもの、事業者にもたらされるもの、その他の環境にもたらされるものなど複数ある。さらに、そうした効果には、数値が明確なものから、数値化しにくいものもある。そのため、多種多様な価値を貨幣換算するために、さまざまなルールや尺度が決められている。
鉄道や道路の建設に関しては、投資効果の測定方法など国土交通省から詳細なマニュアルが公表されている。以下では、特に便益に注目して、どのような数値化がなされるか確認しておこう。

†国土交通省のマニュアルではどう計算するのか

交通プロジェクトの社会的便益には幅広い項目が考えられるが、最も明確なものの一つは、目的地までの所要時間の短縮である。新幹線や高速道路はもちろん、都市内の交通でも、川に道路橋ができたり、地下鉄が通ったりすれば、目的地まで所要時間は大きく短縮する。それらの便益は、利用者にとっての時間価値を貨幣換算することによって計算される。

たとえば、時給一〇〇〇円でアルバイトをしている人の場合、新しく橋ができたことでアルバイト先までの移動時間が三〇分短くなれば、自分の余暇の時間はそのままで三〇分長く働くことができ、その分の給与五〇〇円を得ることができる。一時間当たりの時間価値を一〇〇〇円とすれば、三〇分の時間短縮をもたらす事業の一人当たりの便益は五〇〇円になる。

　実際、国土交通省の鉄道の便益計算のマニュアルでは、働く人の移動時間の変化分の便益は、時間当たりの平均賃金で計算するというルールになっている。道路の場合はやや複雑で、こうした一人当たりの時間費用のほかに、車種別に時間価値の原単位が定められている。例えばバスは、一台あたりに運ぶ人数が多く、車両も高いことから、乗用車よりも原単位は高い。したがって、都市部でバスが多く通行する場所では、道路投資による時間短縮の価値は大きくなる。なお、道路改良の場合、燃料費やオイル費用、タイヤ・チューブ整備の費用なども節約できるため、走行時間に含まれない走行経費の減少も便益となる。これらも車種ごとに数値が定められている。

　時間短縮以外の便益としては、鉄道では、快適性の変化、特に乗換えの利便性の向上と車内混雑の緩和がある。これまでの研究では、電車の乗換えについては、一回当たりに費やされる時間のロスに加え、移動時間一〇分に見合う費用がかかっているとみなす考え方が定着している。その費用が本当に一〇分でよいかどうかはともかく、時間換算することによって貨幣換算を可能にしている。

　このほか、鉄道については、運行事業を行う側の供給者便益も考慮される。新たな路線建設によって利用者からの運賃収入が増えるのであれば、それもプラスの効果となる。また、新線が既存の鉄道ネットワークを補完する形になれば、既存の路線にもプラスの効果が及ぶ。ただし、新線が既存の路線に競合するようになれば、既存の路線の利用者が減るというマイナス効果が発生する。

さらに、広く環境を改善するという便益効果もある。たとえば、交通事故を減少させる効果は、鉄道、道路とも貨幣換算されて便益計算に含まれる。道路の場合、具体的には、バイパスの整備によって街中に用がない自動車が入らなくなることで、交通事故のリスクは抑えられる。鉄道についても、一定の割合の人が自家用車から鉄道に乗り換えることで同じく交通事故のリスクは減少する。政府のマニュアルでは、交通事故の損失額について、人身事故と物損事故、事故渋滞による損失を合わせた事故損失額算定式が定められている。

また、鉄道に関しては、局所的な大気汚染や騒音の減少という環境改善のほか、二酸化炭素発生量の抑制という地球全体の環境に対するプラス効果もある。これらは、かなり貨幣換算が難しいが、政府のマニュアルでは、大気汚染における騒音の貨幣換算、二酸化炭素排出量の貨幣換算、窒素酸化物の排出量の貨幣換算などもルール化されている。

鉄道のマニュアルでは、二〇一二年の改訂で、従来みられなかった「存在効果」という観点も登場した。これは鉄道の存在そのものに価値があるという考え方で、具体的には、いつでも利用できる安心感としての「オプション効果」、周りの人が利用できる安心感としての「代位効果」、後世によい移動環境を残せるという安心感としての「遺贈効果」、地域のイメージ向上という「イメージアップ効果」、駅空間の改善、新車両の導入によって向上した景観を見ることができる「間接利用効果」が列挙されている。

このように、交通に対する投資効果の社会的便益は、一定の範囲であるが、考え方が整理された。ちなみに、二〇一二年の同改訂マニュアルでは、地域鉄道の利便性向上やバリアフリー施設事業の評価方法も項目として加わっている。その意味では、新幹線や高規格の道路建設を行うための基準にとどまらず、高齢化社会を見すえた地域のまちづくりにも資するものにしたいという考え方が表れているといえる。

†計算されない社会的便益

それでは、現在の国土交通省によるマニュアルで、交通まちづくりの社会的便益を十分に計算することができているのであろうか。残念ながら、筆者は十分でないと考えている。

まず第一に、鉄道に関するマニュアルに「存在効果」が加えられたが、実際の計算が難しく、それが適用されにくいからである。マニュアルでは推定結果にゆがみが生じ得ることを指摘し、効果の計測を推奨していない。しかしながら、公共交通の整備は、現に利用しているかどうかではなく、そこに存在していることで、人々に「今は利用しなくとも、必要な時に利用できる」という選択肢を提供することになる。この選択できるという「オプション」を無視することはできない。

そもそも、まちづくりというのは、中長期的にみて如何に都市を魅力的にするか、そこに住んでもらいたい街にするか、が課題である。そう考えるとき、交通に限らず、買い物先でも教育でも、およそ一般の人々にとっては、選択肢があるメリットは大きい。存在することの価値はかなり高いのではないだろうか。

第二に、高齢者の外出機会が増加することなどで得られる健康増進効果も事実上含まれないという点である。

交通まちづくりは、「健康まちづくり」とも密接に関連している。昨今では「健幸まちづくり」という言葉もしばしば使われる。この点、マニュアルでも言及しており、「(健康増進効果のように)便益計測手法が示されない効果が存在するが、その効果のみを貨幣換算値として計測できる手法が整備され、他の便益との重複計上が避けられれば……便益と合算してもかまわない」とある。つまり、マニュアルもその重要性を認識しているが、そうした手法は現時点で開発中であり、現在の費用便益分析の枠組みでの適用が難しいのである。

しかし、健康でいること自体の貨幣換算は難しいとしても、高齢化が進展する中、医療費や介護費を軽減できるということであれば、それらは貨幣価値として便益換算することは可能であろう。実際、そうした議論は始まっており、高齢者が気軽に外出できるようになることで、歩行障害の発生リスクを四分の一に、認知機能障害の発生リスクを三・五分の一に抑制できるという研究結果もある。[1] また、公共交通と歩くという生活により、歩数の増加が一歩あたり、〇・〇六一円の医療費削減につながるという試算もある。たとえば、二万人が一日あたり二〇〇〇歩多く歩くようになれば、年間一〇億円の医療費抑制効果が期待できることになる。[2]

第三に、交通がもたらす集積のメリットを考慮していない点である。

これは経済学的には「集積の経済」と呼ばれる。産業集積、商業集積など、「まち」は集まることでメリットがあるからできあがる。集まることで情報量は増え、アイディアが生まれ、生産性も向上する。そうなれば労働者も集まる。「地域特化の経済」と呼ばれるケースもあり、典型的には、ＩＴ産業が集積するアメリカのシリコンバレーなどが知られる。

生産者のメリットだけではない。消費者にとっても、商店街の店の数が二倍に増えたとき、商店街の価値は二倍以上であろう。逆に言えば、半数がシャッターとなった商店街の価値は半減では済まない。

しかしながら、こうした効果は、マニュアル上ではあくまで間接効果とされている。費用便益分析は交通投資の直接の効果しか計測すべきではなく、交通投資の結果生じた集積がさらに生み出す価値は含めないというルールとなっている。

もし、交通投資の効果ではなく、交通まちづくりの効果を考えるのであれば、このような間接効果も把握したうえで評価がなされるべきであろう。実際、海外では、交通投資の幅広いインパクトとして間接便益の計測を試みる先駆的な取組みが始まっている。

たとえば、ロンドン中心部の地下を東西に横断する鉄道プロジェクト「クロスレール」プロジェクトでは、通常の手法で計算される利用者便益の現在価値は一六一億ポンド（二〇〇五年時点、三兆二〇〇〇億円）であり、それに加えて集積等による「幅広い便益」として七二億ポンド（同、約一兆四〇〇〇億円）が上乗せされると試算している。[3] つまり、間接効果として、通常の利用者便益の半分近くの価値が追加的に生み出されるのである。

しかも、集積に伴い地価が上昇すれば、その都市の固定資産税等の税収は増加する。たとえ地価が上昇しなくとも、中心市街地のように相対的に地価が高いところに事業者が戻り、住民が戻るということになれば、それだけでその都市の税収は増加する。多くの地方都市では、市税収入のうち固定資産税と都市計画税が四〜五割を占めており、その影響は大きいだろう。言い換えれば、商店が撤退した後の空き地を放置して、郊外型ショッピングセンターなどの進出のために、道路や水道、消防など、都市のインフラを整備することは、税収減と歳出増という両面で都市の財政を圧迫しているのである。

†交通インフラの将来価値

ほかにも社会的便益を考える際の問題点はある。人間には、現時点で目の前にある一万円と将来の時点で手に入る一万円とが、全く同じ一万円であっても、それを同じ価値だと思わないという性質がある。そのため、目の前にある物を取り上げられて、将来時点で渡すと言われるとき、多くの人は、それがたとえ確実に渡されるものであっても、現時点でもらおうとするであろう。逆に、現時点ではなく将来時点でもよいという取引が成立するためには、何らかのプラスアルファを要求するに違いない（時間選好率）。利子の発生にも、こうした考え方が背景にある。

もし、民間事業者が投資プロジェクトを行うのであれば、投資から得られる将来の収益は、市場で成立する利子率を用いて割引現在価値を計算すればよい。ところが、公共投資の場合は、鉄道にせよ、道路にせよ、社会全体でみて将来にわたって享受できる便益の現在価値を計算する必要があり、そこに市場の資金需給で決まる利子率を適用するわけには行かない。

そこで社会的割引率というものを仮定するのである。社会的割引率について、これまでにいくつかの試算はあるが、結果はまちまちである。現在は、道路も鉄道も、二〇〇〇年に設定された四%という数字が用いられている。社会的割引率は、概念上、その時々の経済情勢や金利動向から影響を受けるものではないが、その妥当性は問われてもいい。

民間ビジネスと異なり、市場利子率が単純に使えないため、例えば長期国債の利回りが参考にされる。四%という値も、そうした値が基準になったが、この一〇年余り、長期国債の実質利回りは四%よりもかなり低い。

このほか、民間資本が用いた場合の機会費用という観点から、民間資本の生産性の伸びを勘案することも推奨されるが、今日、年四%の生産性の上昇があると考えている人はほとんどいないであろう。日本経済の潜在成長率は一%前後とされており、人口減少による潜在成長率の低下というマイナス要因を差し引いても、資本がそれほど高い成長に貢献するとも思えない。

四%という数字のイメージがわきにくいかもしれないので、具体例を考えてみよう。現在の四%という設定は、物理的な損傷等がなくとも、二〇年もたたない段階で、当初の価値が半分以下になるということを意味する。例えば、関西国際空港は、一九九四年の開港時点で投資プロジェクトを考えるとき、その当時の人にとって二〇一二年時点での価値は当初の半分に減じるものとして算定されることになる。ちなみに、社会的割引率の設定に関しては、気候変動とその対策に関する経済的な影響を計測したイギリス財務省の「スターン・レビュー」がきわめて低い社会的割引率を設定して論争になった。[4]

社会的割引率に正解はないが、数値の設定次第で費用便益分析の結果は大きく変わる。たとえば、公共交通の整備で、利用者の便益が五〇年間、年間一億円得られるケースであればどのような結果になるだろうか。現在の四%という社会的割引率の設定では、その間の便益の合計値を上回らない初期投資額は約二一億円が上限となる。[5] つまり、建設費がそれ以上のときは、投資は見合わないと判断される。

ところが、社会的割引率を三%とするだけで、投資がもたらす効果の現在価値が高まり、上限の建設費は約二六億円に修正される。交通施設の場合、実際は、一〇〇年以上使われるものも多い。もし、これを一〇〇年で計算すると、建設費は約三二億円まで許容される。二一億円と比較すると五割増である。

このように、社会的割引率を低く設定すると、将来のことを相対的に重視することになる。言い換えれば、社会的割引率が高く設定されていると、費用対比でみて望ましい投資が却下される可能性が生じるのである。

†費用便益分析の役割と限界

交通まちづくりを考えるとき、費用便益分析は、交通の投資効果に対して一定の数値を提供するという意味がある。どのような交通体系が最もまちづくりに効果的であるかという判断の一つの基準ではある。しかし、費用便益分析に限った話ではないが、統計的な数値はつねに幅をもってみなければならない。交通のように、事業の費用が比較的明確な一方、便益計算には含まれていない部分が多いものには、この点を十分留意する必要がある。

社会的割引率については、何種類かの仮定計算を置いてその幅を確かめることもできる。統計的な数値は、一見客観的でわかりやすいだけに、政治家や行政は、こうした数値に飛びつきやすい。しかし、限定された範囲での計算値である以上、全体的な効果についてかえって判断を誤らせるリスクもある。

まちづくりはそこまで単純ではない。少なくとも、現在の費用便益分析には、交通の便益を過小評価する傾向があることは否めない。その結果、進めるべき交通まちづくりが停滞しているとすれば、問題である。安易に数字に頼るのではなく、数字を吟味して、交通まちづくりの本当の効果を考える必要がある。

第八章　ソーシャル・キャピタルという新たな効果

前章でみたように、既成の費用対効果の算出には、一定の限界がある。この点を考慮して、我々は、次の世代に向けた交通まちづくりをしていかなければいけない。交通という目にみえるインフラの建設や維持となると、どうしてもそれにかかる費用や効果が問題になるが、まちづくりの効果は、漠然としたものとならざるを得ない。そもそも、街の良さ、住み心地、文化、幸せといったものは、便益計算のようなものとは、異なる次元のようにも感じられる。

そこで、費用便益分析とは別の角度から地域社会の状態を把握するために、ソーシャル・キャピタルという概念を紹介したい。ソーシャル・キャピタル自体は、かなり知られるようになったが、日本では、この概念と交通を結びつけた議論は必ずしもなされてこなかった。[1] 本章ではソーシャル・キャピタルという観点から、交通まちづくりの意義を考えてみたい。

†ソーシャル・キャピタルとは

ソーシャル・キャピタルは、交通施設や水道、電気といったハードインフラとしての社会資本と区別するため、日本語では「社会関係資本」と訳される。「関係」という言葉の曖昧さからもわかるとおり、国際的にみても未だその定義は定まっていない。

まちづくりとの関連では、古典的名著である『アメリカ大都市の死と生』において、著者のジェイン・ジェイコブズが、「(地域における自治が機能するための近隣の)ネットワークは都市における交換不能なソーシャル・キャピタルです」[2] と述べている。また、今日の一連のソーシャル・キャピタル論の提唱者であるアメリカの政治学者ロバート・パットナムは、ソーシャル・キャピタルを「信頼・規範・ネットワーク」と位置付けた。「規範」は「互酬性」とも言い換えられており、地縁的な活動やボランティア・市民活動などへの社会参加が含まれると考えればよい。ソーシャル・キャピタル論の拡がりを受けて、OE

CDや世界銀行などの国際機関もそれぞれ定義づけを行っており[3]、特に世界銀行の定義は制度面も含めた広義のものとなっている。

本書では、こうした議論を踏まえつつ、パットナムの議論の延長線上にあり、日本におけるソーシャル・キャピタル研究の第一人者である稲葉陽二氏の「心の外部性を伴なった信頼・規範・ネットワーク」[4]をソーシャル・キャピタルの定義としておこう。より具体的には、東日本大震災の際にしばしば言及された「絆」をイメージしてもらうとわかりやすい。被災直後の極限の状態でも、皆が協力しながら整然と復興に立ち向かう日本人の姿は、世界の人々にも賞賛された。この「絆」とは、「お互い様」という思いをもって、信頼で心を通わせるつながりを意味する。それが、まさにソーシャル・キャピタルの概念なのである。

一見、とらえどころがないように思われるが、人々の信頼関係が豊かさや幸せに影響を与えているといわれれば、何となく共感できるのではないだろうか。ソーシャル・キャピタルは、信頼や規範、ネットワークを通じて、一般に経済・社会にプラスの効果があると考えられている。例えば、企業を中心とした経済活動はお互いの信頼やネットワークの上に成り立っている。また、地域社会の安定、国民の福祉・健康、教育、政府の効率などもそうした信頼や規範なしでは成立しない。[5]

一連の議論は、一九九〇年代初頭、パットナムが、南北イタリアの政治状況の違いは両地域のソーシャル・キャピタルの差に由来するという指摘を行ったことに端を発する。そして、一九九五年、彼は「孤独なボウリング」という論文で、アメリカ社会の分析を行い、二〇世紀後半、アメリカ人が地域や組合などの活動、近所付き合いを減らした結果、ソーシャル・キャピタルが弱まり、そのことが経済社会に影響を与えていると発表した。この論文の内容はさらに本として出版され[6]、ソーシャル・キャピタルは広く世間に知られることとなった。

日本では、二〇〇三年に内閣府がソーシャル・キャピタルに関する詳細な報告書を作成して注目を集め、社会学、経済学、心理学など、幅広い分野の研究者が分析を行っている。政治の世界でも、二〇〇五年の地域再生法に基づく「地域再生基本方針」内において「地域固有の『ソーシャル・キャピタル』を活性化する」ことが謳われ、自民党内にソーシャル・キャピタル研究会が設置された。具体的には、「自民党政権公約二〇〇五」において「地域の人々のつながり（ソーシャルキャピタル）の復権」が掲げられたりするなど、既に政府中枢部においても関心の高い概念だといえる。

こうした動きは、以前のようなコミュニティにおける信頼や規範、ネットワークが崩れ、地域社会が崩壊しつつあることに対する危機感の表れともいえる。東日本大震災のときの「絆」があそこまで人々に印象づけられたのは、日々のビジネスライクな現代生活で忘れていた、心の琴線に触れる何かがあったからかもしれない。

†交通が人のつながりに与える影響

それでは、そうしたソーシャル・キャピタルは、交通とどのようにかかわるのだろうか。ソーシャル・キャピタルのあり様は経済や社会に影響を与える一方、ソーシャル・キャピタルを育んだり、阻害したりする要素も経済や社会の中に見いだすことができる。典型的なものとして、家族、学校、宗教といった社会制度があげられる。また、所得のような経済的な要因も考えられ、たとえば、所得格差が拡大する状況は、ソーシャル・キャピタルにマイナスの影響があるとされる。

同様に、交通もソーシャル・キャピタルに影響を与える要因と考えることができる。この点については、パットナムの著作『孤独なボウリング』に、「モビリティとスプロール」という章があり、そこでは、都市のスプロール化により、長時間の孤独な自動車通勤が当たり前になり、コミュニティへの関与を減らしていると書かれている。

地域社会に参加し、人とのつながりや信頼関係を得るためには、移動が欠かせない。その意味で、交通のあり方がソーシャル・キャピタルの形成に影響があると考えるのは自然である。この点について、キュリーとスタンレーという海外の研究者が公共交通とソーシャル・キャピタルの関係を論じている。これらの議論がそのまま日本の事情にあてはまるかどうかはともかく、以下、彼らの整理した主な三点を要約しておこう。[7]

① 公共交通とモビリティ

通勤・通学からボランティアまで、何らかの形で社会に参加し、社会のメンバーとなるためには、地理的な移動が不可欠である。その場合、自家用車を運転できない社会的な弱者のモビリティを確保するためには、公共交通が必要になる。また、混雑した中心市街地へのアクセスでは、公共交通の整備がモビリティの増加に重要な役割を果たす。このように公共交通によってモビリティが確保されたり、増大したりすることで、目的地での人との接触の機会も増え、ソーシャル・キャピタルは醸成されることになる。

② 公共交通と「住みやすい都市（livable cities）」

交通工学者のヴチック教授が提唱する「住みやすい都市」は、公共交通、徒歩、自転車で移動ができる都市である。ヴチック自身は直接ソーシャル・キャピタルとの関連を述べていないが、彼はそうした「住みやすい都市」のクオリティとして、社会活動があり、魅力的な公共空間があり、お互いのプライバシーを守りつつ、一定のコミュニティ感覚がある生活を挙げている。これはまさにソーシャル・キャピタルが醸成された都市と言うことができる。つまり、公共交通は、ソーシャル・キャピタルが豊かな「住みやすい都市」の要素なのである。

③ 公共交通による社会的相互作用

公共交通は、他人と一緒の移動である。そのため、公共交通が他人と知り合う機会を提供することで、ソーシャル・キャピタルが醸成される可能性がある。短時間の通勤はともかく、日々顔を合わせる長時間の通勤・通学はソーシャル・キャピタルにつながる可能性が高い。また、公共交通を使った友人や家族とのグループでの移動も、お互いの交流を通じてソーシャル・キャピタルを高めるかもしれない。

†ソーシャル・キャピタルの難しさはどこにあるのか

上記の三点は、あくまでキュリーとスタンレーが、先行研究を踏まえて整理したものであり、彼ら自身もそうした関係が明確だと言いきっているわけではない。直感的にみても、満員の通勤電車での移動が、信頼やネットワークといったソーシャル・キャピタルの醸成につながるとは思えない。そうした事情は、日本と諸外国、あるいは地域によって異なるであろう。「住みやすい都市」という概念についても、それはあくまで一つの考え方であり、むしろ郊外の住宅が広がる都市こそ「住みやすい」と思う人もいるにちがいない。

ソーシャル・キャピタルに関する議論の難しさは、上記のような概念的な整理が、データによる検証を伴っていない点にもある。ソーシャル・キャピタルが曖昧であるがゆえ、そもそも数値化は難しい。たとえ一定の数値化がなされたとしても、ソーシャル・キャピタルという幅広い概念の一部に止まらざるを得ない。

さらに、公共交通がソーシャル・キャピタルに影響を与えるだけでなく、ソーシャル・キャピタル自体が、公共交通に影響を与えている点もこうした検証を難しくしている。モビリティが低いからソーシャル・キャピタルが形成されないのではなく、ソーシャル・キャピタルが形成されていないため、モビリティが低下するケースもある。例えば、お互いの信頼が希薄で犯罪の多い地域であれば、不特定多数が乗り込む公共交通の利用を遠ざけることになるであろう。

†日本のソーシャル・キャピタルの現況

公共交通がソーシャル・キャピタルにプラスの影響を与えるという一般論が成り立つのであれば、費用便益分析で取りあげられた観点とは異なる形で、公共交通が当該地域の経済や社会に影響を与えることになる。データの制約はあるものの、こうした側面を検証していくことは、交通まちづくりの意義を考えるうえで重要である。

世界価値観調査（World Values Survey）に基づいて、日本のソーシャル・キャピタルの状況を海外と比較してみると、日本は、一般的信頼感の面では七〇カ国中一〇位であり、北欧諸国には及ばないものの、国際的にみれば信頼度が高い社会であることがわかる。一方、福祉団体や文化活動団体などネットワークへの参加という点では、六〇カ国中三三位とさほど活発とはいえない。

また、各種意識調査や献血率、共同募金額といった既存の統計からソーシャルキャピタルの変化をみると、一九九〇年代前半頃まではいずれの値も概ね順調に増加した一方、九〇年代後半から二〇〇〇年代にかけて減退が始まり、その後低下傾向が続いている。こうした傾向が、人々の間のつながりやネットワーク参加の面でより強くみられることが指摘されている。[8]

日本国内における詳細なアンケート調査としては、二〇〇三年に内閣府が行い、二〇〇七年、当該調査を概ね踏襲する形で、日本総合研究所が実施した調査がある。そこでは、パットナムの概念に則りつつ、①他人に対する一般的な信頼と特定の人を対象とした相互信頼・相互扶助の程度、②近隣や友人・知人、趣味・娯楽活動を通じた社会との「つきあい・交流」の程度、③地縁的な活動やボランティア・市民活動への「社会参加」の程度が、それぞれ質問事項として挙げられている。

まず、全国ベースで単純集計した調査結果を概観すると、「信頼」に関しては、旅先で他人に対して注意をする傾向があり、日本総合研究所は「わが国において地域外の他者に対して警戒心を強める傾向があることが見て取れる」としている。一方、「つきあい・交流」は、友人・知人について「ときどきある（月に一回〜年に数回程度）」と答えた回答者が最も多く、「国民は友人・知人づきあいはそれほど濃密な生活を送っているとはいえない可能性がある」としている。また、地縁的な活動やボランティア・NPO・市民活動に「参加している」と答えた人はいずれも二五％を下回り、「市民活動の活性化には促進の余地が残されていることが窺える」と結論づけている。[9]

次に、都道府県別指数[10]に関して、「ソーシャル・キャピタル（SC）統合指数」（二〇〇七年）をみると、四七都道府県の高い順に岡山県、福島県、長崎県となる。「SC統合指数」は「信頼」、「つきあい・交流」、「社会参加」の三つの合成指数なので、その内訳をみると、岡山県は「社会参加指数」や「つきあい・交流指数」が高く、福島県は「信頼指数」が二番目に高いことがわかる。

「SC統合指数」の分布をおおまかにみると、西高東低という傾向があるが、項目別に都道府県の指数をみると、「信頼指数」などにバラツキがあるなど、必ずしも際立った特徴が見いだせるわけではない。また、東京は「社会参加指数」が全国で下から五番目に低く、「SC統合指数」でも全国で下から七番目にあるとはいえ、首都圏の他県や近畿圏でそうした傾向があるわけでもないため、都会の方がソーシャル・キャピタルが希薄であるともいえない。

†乗合バスとソーシャル・キャピタルの関係

こうしたソーシャル・キャピタルの地域別の差異と交通との関係を説明するために、筆者は、地方圏[11]に焦点を当てて、内閣府、日本総合研究所の指数と、県別の乗合バスのサービス水準、乗用車保有台数のデータから簡単な統計分析を行った[12]。乗合バスを指標としたのは、地方圏の場合、人々の日常生活にとって最も身近な公共交通と考えられるからである。

その結果を一言でいえば、ソーシャル・キャピタルのうち、県別の「つきあい・交流指数」、「社会参加指数」の大小に対しては、乗合バスのサービス水準が統計的にみてプラスの相関があり、乗用車保有台数は相関があるとは言えないということである[13]。ここでいう「つきあい・交流指数」は、「近所づきあいの程度」、「近所づきあいのある人の数」、「友人・知人との学校・職場外でのつきあいの頻度」、「親戚とのつきあいの頻度」「スポーツ・趣味・娯楽活動への参加状況」という六つの要素、「社会参加指数」は、「地縁的な活動への参加状況」、「ボランティア・NPO・市民活動への参加状況」の二つの要素によって構成される指数である。「信頼指数」と交通の関係は見いだせなかったが、「つきあい・

交流指数」、「社会参加指数」に表れる社会的な交流や活動が公共交通に関係しているという結果は、キュリーとスタンレーによる理論的な整理とも整合的だといえる。

具体的に考えてみても、公共交通が不便な地域で子どもが自家用車で送り迎えされるケースに比べ、バスや電車で一緒に通学するほうが、友人とのつきあいは深まるということは容易に想像できる。自家用車を運転できない高齢者にとっては、公共交通で自由に移動できなければ、つきあいや交流、社会参加に支障が出るであろう。

筆者の検証は、あくまで両者の関係の有無をみただけであって、公共交通がつきあいや交流を高めているのか、それとも、つきあいや交流が多いので、結果的にバスのサービス水準が維持されているのか、この点の因果関係への回答は出せていない。ただ、つきあいや交流、社会参加と公共交通の間に何らかの関係があるということは確かである。

†富山ライトレールが「つながり」をもたらす

このような公共交通と住民の交流を、個別の事例で実感するのは、第五章で述べた富山ライトレールのケースである。かつてはＪＲの一ローカル線にすぎなかった路線が、ＬＲＴとして再生され、本数も日中一時間に一本だったところから一五分に一本に増え、電車も完全バリアフリーで、駅数も増えるなど大幅なサービス向上が図られた。この結果、五〇代以上の高齢者が多く利用し、従来は特段出かけていなかった高齢者が、さしたる用事もないのに何となく知り合いと会うために電車を利用するといった話もある。

そこで、それらをデータから実証すべく、筆者は富山市との共同で、富山ライトレール沿線に富山ライトレール開業以前から開業後も住んでいる住民一三〇〇世帯を対象にアンケート調査を実施した。[14] 内容は単純で、「自分と他人の関わり合い」について、「富山ライトレールの開通に伴い日常生活で変化があれば、全て教えてください」と、選択肢を選んでもらうものである。

これをみると、回答割合からいえば「特に変化なし」が全体の三分の二と多いものの、それ以外の「友人・知人と会う回数が増えた」「親戚・家族に会う回数が増えた」「近隣のお付合いが増えた」「新たな知り合いが増えた」のいずれかに回答した割合は三割に達している。加えて、乗車頻度が月に一回以上という回答者に限定してみると、「特に変化なし」が五一％なのに対し、上記のような交流が増えたと答えた割合は四八％と「特に変化なし」に拮抗することがわかった[15]（図表8―1）。

さらに、アンケートでは富山ライトレールの開業に伴う「自分の行動」の変化について

図表8-1　富山ライトレールの開業で「自分と他人の関わり合い」は変化したか

	合計	ライトレール月1回以上利用	各種参加活動等が増えた者	自家用車利用が減った者
	本項目回答者に占める構成比：%			
何らかの変化あり	30.1	47.9	63.1	50.9
特に変化なし	66.5	50.7	35.9	47.3
その他（上記以外）	3.3	1.4	1.0	1.8
	回収数に占める構成比：%			
a. 友人・知人と会う回数が増えた	20.0	33.3	47.6	33.3
b. 親戚・家族に会う回数が増えた	4.7	7.6	8.7	10.3
c. 近隣のお付合いが増えた	3.6	5.3	9.7	4.3
d. 新たな知り合いが増えた	6.2	9.3	16.5	12.8
e. 特に変化なし	63.3	48.9	35.9	45.3
f. その他	4.5	1.8	1.9	2.6

資料）宇都宮研究室・富山市交通政策課「富山ライトレールについてのアンケート」

図表8-2　富山ライトレールの開業で「自分の行動」は変化したか

	合計	ライトレール月1回以上利用
	本項目回答者に占める構成比：%	
何らかの変化あり	54.3	76.8
各種活動への参加、観劇・スポーツ等が増えた *	23.4	32.3
特に変化なし	40.8	19.5
その他（上記以外）	4.9	3.6
	回収数に占める構成比：%	
a. 買い物回数が増えた	10.4	18.7
b. 習い事やクラブへの参加が増えた	4.2	7.6
c. 地元の祭や行事への参加が増えた	5.7	8.4
d. ボランティア、NPO・市民活動への参加が増えた	1.1	1.3
e. 観劇・スポーツなど娯楽に行く回数が増えた	15.3	20.4
f. 気分転換に外出する機会が増えた	18.5	28.9
g. 電車の中で本や雑誌を読む機会が増えた	3.0	5.3
h. 自家用車に乗る回数が減った	25.3	41.8
i. 自家用車に乗せてもらう回数が減った	9.6	13.8
j. 特に変化なし	39.3	19.1
k. その他	8.5	8.0

＊　b〜eのいずれかを答えている人
資料）宇都宮研究室・富山市交通政策課「富山ライトレールについてのアンケート」

富山ライトレールが育む人とのつながり

も聞いており、習い事やクラブ、地元の祭や行事、ボランティア、NPO・市民活動への参加が増えた人と観劇・スポーツなど娯楽に行く回数が増えた人を合わせると二三%となる（図表8―2）。活動的になったこれらの人たちに焦点を当てて、再び「自分と他人の関わり合い」をみると、友人等との交流が増えたと答えた人は六三%に達し、「特に変化なし」の人の三六%を大きく上回るのである（図表8―1）。また、「自分の行動」の変化として、自家用車に乗る回数が減ったという人は全体の四分の一であり、その人たちの「自分と他人の関わり合い」もみると、交流が増えたと答えた人は五一%と「特に変化なし」の人の四七%を上回っている。

アンケート回答者の平均年齢が六六歳とやや高齢者に偏っているが、富山ライトレールの開業は、利用者を増やすだけではなく、少なからぬ人に新たな人とのつながりをもたらしており、特に自ら各種活動に積極的に参加するようになった人や自家用車から転移した人には、そうしたつながりを広げる傾向があることがわかった。つまり、富山ライトレール沿線の調査結果は、利便性の高い公共交通が沿線住民のライフスタイルを変え、ソーシャル・キャピタルの醸成に影響を与えたことを示唆しているのである。

†ソーシャル・キャピタル論の重要性

交通とソーシャル・キャピタルの関係については、研究者の間でも、定まったコンセンサスはない。本章で紹介した統計的な関係やアンケート調査結果は筆者が手探りで始めた分析であり、今後、さらなる研究の蓄積が必要であろう。しかしながら、交通のあり様がソーシャル・キャピタルに何らかの影響を与える可能性があるのであれば、まちづくりにも影響が出る。そうした影響を全く無視したまま、交通がまちづくりにもたらす効果を検討しても、誤った決断を導くことになりかねない。

むろん、ソーシャル・キャピタルはつねにプラスに作用するとは限らない。コミュニティの窮屈さを嫌がる人がいるなど、ネガティブな側面も存在する。それでも、地方都市のやや殺伐とした光景を目にし、東日本大震災で感じた人と人のつながりの大切さを感じた今、これからのまちづくりには、ソーシャル・キャピタルが育まれるような要素をもっと含めてほしいというのが筆者の考えである。また、そうした信頼関係やつながりは、経済発展や社会の安定につながるという研究蓄積もある。このような考え方に立てば、公共交通の役割は、マニュアル通りの費用対効果では過小評価されてしまうということを考慮する必要があるのである。

第九章　これからの日本の課題

　高齢社会の到来、地方の衰退という中、交通政策基本法と関連法制が整備され、日本の交通政策とまちづくりは大きな転機を迎えた。公共交通の再生が地域の再生につながるということも徐々に認識されるようになってきた。しかし、一般市民、そして地方自治体を中心とした行政の現場は、まちづくりの重要性を認識しつつも、公共交通という側面からのアプローチには未だ慎重である。自動車に大きく依存した地域社会の中で、どのように変えればよいのか、自治体の財政が厳しい中で何ができるのか、未だ手をこまねいているという感がある。公共交通が民間事業として成立した日本では、公共交通を単体の事業の収支で判断しようとする考え方も根強い。

地域を再生し、新たな価値を「創生」するというとき、日本における交通まちづくりの課題は何なのか。本章では、考え方の枠組みを提示したうえで、中長期と短期に分けて課題を整理したい。

†STOで考える

交通経済学者を中心に交通事業者、交通行政の専門家が世界中から集まり、一堂に会する「スレドボ会議」という国際会議がある。正式には「陸上旅客交通の所有と競争に関する国際会議」という名称で、一九八九年にオーストラリアのスレドボで第一回会議が開かれたことから「スレドボ会議」と呼ばれる。テーマは、その正式名称からもわかるとおり、鉄道、バスといった陸上旅客交通が中心であり、公共交通の規制緩和、欧州の鉄道改革、中南米やアジアを中心に急速に広がるBRTシステムなど、今日の交通政策や交通制度の形成に影響を及ぼしてきた。その会議の参加者が共有するキイワードに、「STO」がある。「STOの観点では……」といった具合に、スピーチや会話で登場し、一つの出来上がった考え方の枠組みとして定着している。

「STO」とは、ストラテジー（Strategy、戦略）、タクティクス（Tactics、戦術）、オペレ

図表9-1　ＳＴＯフレームワーク（交通計画・管理のための枠組み）

	（決定すべきこと）
戦略 Strategy 何を達成したいのか（5年）	・交通政策、市場シェア、収益 ・地域、ターゲットグループ、モード間調整
戦術 Tactics 目標達成のためにどのようなサービスがよいのか（1～2年）	・具体的なサービス内容 …車両、路線、時刻表、運賃 …イメージ …付加的サービス
運行 Operation どのようにしてサービスを提供するのか（1～6カ月）	・営業 ・広報 ・生産管理 …設備、車両、人員

注）D. M.van de Velde（1999）'Organisational forms and entrepreneurship in public transport Part 1: classifying organisational forms,' *Transport Policy* Vol.6の Fig.1を参考に筆者作成

ーション（Operation、運行）の頭文字で、交通計画や管理を把握する枠組みとして、交通コンサルタントでデルフト工科大学のヴァンデヴェルデ氏が提唱したものである。彼は交通計画・管理のレベルを上からS、T、Oの三段階に分類したうえで、さまざまな経済主体（市民、政府、交通局、民間事業者など）が各段階でどのような関わり方をしているかを国別に比較しながら、あるべき制度を模索した（図表9―1）。

最上位のSとは、「何を達成

したいか」という戦略的な政策目標である。そこには、交通政策だけではなく社会政策的な意味も含まれ、公共交通のシェアや収益目標などの一般的な目標のほか、公共交通の提供範囲やそこでの利用者のターゲットといった戦略も設定される。

中間に位置するTは「戦略的な目標を達成するためにはどのようなサービスがよいか」という手段の設定であり、その手段を最も効果的に活用するための施策である。ヴァンデヴェルデは、具体例として、路線の設定や車両の調達から、時刻表や運賃体系の策定、イメージの提供の仕方などを提示している。

これに対し、土台とも言うべきOは、日々の運行サービスの提供である。運行といっても、単に安全に列車やバスを走らせるというだけではなく、いかにして最も効率的にサービスを提供するかが重要で、そのための車両や施設のやりくり、人員の配置、利用者との情報交換など、さまざまな業務がある。

ヴァンデヴェルデら欧米の専門家は、最上位の戦略Sについては、国民が選んだ政府によって民主的にコントロールするものだという前提があるため、特段の議論はしていない。彼らの問題意識は、公的企業が担ってきたTとO、つまり戦術と運行にどのように民間事業者が関わるか、という部分にある。

欧州では、従来の公営の公共交通事業に対し、「上下分離」によって運行部分を民間事業者に参入させ、公共交通が復権してきた経緯がある。ただし、その方法や詳細は国によって異なり、また、結果として得られた成果もまちまちである。そのため、STOの枠組みの中での比較検討が意味を持つのである。ちなみに、イギリスのバス市場は、一九八〇年代に規制緩和によりほぼ完全競争の状態に置かれ、例えば、競争相手の発車時刻のすぐ直前にバスのダイヤを設定するなど、文字通り路上で競争が行われた。しかし、結果的には事業者にも利用者にも利するところはなく、規制緩和のあり方が問われることとなった。

一方、この枠組みから日本の公共交通の現状をみると、全く異なった論点が浮かびあがる。日本の公共交通は、民間事業者が運行Oを担うだけではなく、ここでいう戦術Tに当たる路線の設定やそのための車両の調達、時刻表や運賃などの決定も、基本的に民間事業者が主導する。宝塚劇場の創始者でもある阪急電鉄の創業者小林一三は、鉄道によって沿線のまちづくりを行い、日本の鉄道経営のモデルを作った。日本では人口の増加、右肩上がりの経済成長、地価上昇神話の中で、民間の公共交通事業者は、不動産や流通、娯楽サービスといった関連事業も抱えながら、自らまちづくりを行い、優れたパフォーマンスを示してきた。また、そうした企業で働く従業員の意識も高く、国民も安全で質の高い交通サービスを享受することができたのである。

民間事業者が十分な利益を上げているときは、問題はなかった。ＳＴＯというレベルの階層的な枠組みがなくとも、民間事業者による公共交通が社会生活全般を支えてきた。本書では、交通のあり方が社会を一定程度規定し、まちづくりと一体であるということを述べてきたが、日本では、国民が民主的に託した戦略Ｓが公的な形に存在せずとも、何とかなったのである。

しかし、人口減少、高齢化、事業者の収益悪化といった中で、もはや民間事業者にだけ頼ることは不可能になった。にもかかわらず、誰も長期的な戦略を設定しないまま、公共交通が急速に疲弊し、地方都市圏では地域経済・社会全体が沈滞してきた。大都市圏の周辺部も例外ではない。そうした中、国レベルで交通政策基本法とその下での交通政策基本計画が策定され、とりあえず戦略目標が大まかに提示されたというのが現状である。

†「部分最適」から「全体最適」へ

交通政策基本法によって戦略的な目標がある程度設定されたとはいえ、地域における具体的な取組みはこれからである。都市によっては、交通政策基本法と前後して、交通条例を設定したところもあるが、その数は限られている。そこで以下ではこれまでの本書の内容をまとめつつ、日本において必要な中長期の戦略を筆者なりに考えてみたい。

まず第一に強調したい点は、「全体最適」の徹底である。行政も企業も市民も、それぞれが真面目に物事に取り組んでいるとは思う。しかし、自らの組織や専門性、問題意識の違いから、ともすると「部分最適」を目指してしまい、全体でみて必ずしも望ましい結果とならないケースが多い。交通政策基本法の下、役所間の縦割りが解消されていくことを期待したいが、役所には人事権も含め、縦割りが厳然と存在する。省益、あるいは局の益といった点を抜け出し、ともかくも「全体最適」を念頭に戦略的に推進するしかない。

ただし、日本の公共交通の場合、そもそも独立した民間事業が原則であるというネックがある。交通単体でみた事業の収支がつねに問われ、その結果、公共交通のサービスが低下し、地方を中心に街も傷んできた。第五章でみた四日市市の地域公共交通網形成計画は、これからの交通まちづくりの一つのパイオニアであるが、そこでも、鉄道事業の「黒字化を目指す」とある。公共交通が通常のビジネスと同じように、独立した民間事業者による収益事業として成り立つ時代が終わった今日、このような社会通念の呪縛から解放されなければいけない。目指すべきは、「全体最適」である。

公共交通を改めて整備するとき、費用便益分析は「全体最適」を目指すための有力なツールではあるが、これとて「全体」を把握できるわけではない。第七章で述べたとおり、将来価値を測定する際の社会的割引率一つをとっても、かなり数値に幅がある。

二酸化炭素排出量の数値化など、確かに一定の社会的便益を計測できるようにはなったが、高齢化が進み、人口が減少するこれからの社会を安定で幸せなものとするためには、従来以上に、人々の間の信頼やつながり、つまりソーシャル・キャピタルの価値も考慮すべきであろう。コミュニティの再生やコミュニティ・デザインの展開が、まちづくりの一つのキイワードになっているが、これらも含めたソーシャル・キャピタルを育む公共交通には、費用便益計算を超えた潜在力があると考えられる。

†多様な選択肢が人を動かす

第二点目は、多様な選択肢の提供である。「全体最適」を目指すということそのものには、反対する者はほとんどいないと思うが、残念ながら、最初から「全体最適」を命令できる天才はいない。一方、企業にとっても個々人にとっても、より活動しやすく、より豊かさを実感できる社会は、命令される社会ではなく、多様な選択肢がある社会である。

コンパクトシティ戦略という場合も、郊外の人を全て都心に移動させることはできない。我慢を強いるようなまちづくりは持続性がなく、一定数の人は引き続き自家用車にも頼ることになる。しかし、従来の都市計画が、過度に自動車に依存する社会を作り上げた結果、公共交通のサービスは低下し、公共施設も公共交通とは無関係に立地した。自動車以外の移動手段を用いるという選択肢は奪われ、人々の効用（幸せ度合い、満足度）を低下させてきた。この点は、改善の余地がある。もし、質の高い公共交通が整備されれば、別の選択肢が生まれるであろう。

富山市の森雅志市長によれば、富山ライトレール開通後、沿線にあるホールで催されるコンサートの幕間のワインの売れ行きが伸びたという。第八章で紹介した筆者らのアンケート調査でも、自由記述欄に「飲み会のときが便利になった」という話がいくつも見られた。日々自動車に頼らざるを得ない人でも、時と場合によって、使い分けができる。従来であれば、アルコールを飲みたくても飲めなかった人が公共交通の整備で飲めるようになる。これは、質の高い公共交通の導入で、市民の効用を高めている事例である。いわば、人々のライフスタイルを公共交通利用という選択肢を与えることで、誘導することができるのである。

むろん、このようにライフスタイルが変化する人は限られているかもしれない。公共交通の質を高めるということに対して、しばしば「クルマ社会に慣れた人は公共交通を利用しない」という批判がある。富山市において一割の人が自家用車から富山ライトレールに転移したという実績も、人によっては「所詮一割」という受け止め方をする。先日、宇都宮市がLRT計画を進めるにあたり、沿線企業にアンケートを行ったとき、アンケートの三割が回収された時点の報道に、「『利用する』と回答したのは一七・一%にとどまっている」[1]という文面があった。

しかし、宇都宮市のLRT計画では、当初自家用車からLRTへの転移は一〇%も見込んでいなかった。二〇一〇年時点の宇都宮市の平日の交通分担率は、先に見たとおり自動車が六六・二%、バスは二・四%である。休日になると両者の乖離はさらに大きい。ということは、LRT計画沿線の自動車やバスを使っている住民の一七%がLRT利用に転換すると仮定すると、LRT利用者の交通分担率は一一・七%になる。これは、現在のバスの利用者の四・九倍になり、輸送量の大きいLRTといえども運ぶことができない多さである。実際、宇都宮市はそのときの調査結果をもとに当初計画の変更を行い、輸送力の増強を検討している。

このように、公共交通の利用者の割合は、現時点ではわずかであるがゆえに、自動車の利用者の一割が転移するというだけで、公共交通の利用者は比率でみると大幅な増加になる。そうなれば、採算性も改善し、サービス改善、利用者のさらなる増加という好循環のきっかけとなる。公共交通の事業収支を合わせようという部分最適の考え方よりも、結果的に社会全体が改善されるのである。さらに、市民の外出や歩行を促し、健康面でプラスの影響があれば、医療費や介護費の削減になる。中心市街地の発展につながれば、都市の税収を伸ばす。「全体最適」に向けた誘導になるのである。

†地球規模の持続可能性を問う

第三に、持続可能性を改めて問うことである。国の交通政策基本計画においても、「持続可能で安全・安心な交通に向けた基盤づくり」という文言があり、持続可能という言葉自体は、今や陳腐になった感もある。しかし、ここであえて述べたいのは、単に資金面や物理的な面で維持可能ということではない。「全体最適」を考える際には、地球規模の環境という視点からも持続可能性を考える必要がある。

自動車メーカーによる技術革新にはめざましいものがあるが、東日本大震災による原発事故以来、日本社会全体の地球温暖化問題に対する危機意識がやや下火になっていないだろうか。海面上昇のような温暖化の問題が、日本人にとっては切迫感がないため、我々の社会の目標として、地球環境規模での持続可能性を担保できる最適な政策に本腰が入っていない感がある。

けれども、公共交通の革新をきっかけに少しでも取組みを始めることが、広い意味での持続可能な社会への大きな一歩となる。例えば、郊外部では自家用車を使いつつも、都心部では公共交通が使えるようなまちができれば、どうなるだろうか。我々は、日々節電といってはまめに電気を消し、クールビズで、エアコンの温度を高めに調節している。それはそれで多くの人がエコを意識するようになった証拠であるが、実は、クルマ利用を一〇分間削減するだけで、エアコンを一度調節し続けることの二〇倍近く、テレビを一時間我慢することの四〇倍以上、蛍光灯を一時間消して節電することの二五〇倍以上という二酸化炭素排出量の削減につながるという[2]。

一試算結果にすぎないとはいえ、もっと交通のあり方が社会にもたらすインパクトは理解されてもいい。しかも、質の高い公共交通を整備すれば、少なからぬ割合で自家用車から公共交通への転移を促すという事実が、諸外国で証明されており、日本でも富山や宇都宮のアンケート結果はそうしたことを物語っている。決してできない目標ではない。

欧州交通白書は、「二〇五〇年までに（内燃機関を用いた）従来型の自動車を都市交通においてはゼロにする」[3]という目標を設定し、そのための段階的なプロセスを提示している。自動車メーカーは、旧来の化石燃料依存から抜け出そうと必死の努力を行っている。そうした自動車メーカーの取組みはもちろん重要だが、公共交通も含めたまちづくり全体として、しっかりとした目標を立てて持続可能性を目指すべきであろう。

†総合政策から統合政策へ

以上のような中長期的な戦略を前提としたとき、戦術として、我々はどのような交通まちづくり政策を実行すべきなのであろうか。

「全体最適」を意識するとき重要になるのが、二〇〇〇年代以降頻繁に聞くようになった「総合的」という観点である。交通政策基本法の第一条で「交通に関する施策を総合的かつ計画的に推進する」とあり、法文及び交通政策基本計画においても「総合的」という言葉はキイワードの一つである。

もっとも、総合交通政策という概念そのものは、新しいものではない。日本では、一九六〇年代から七〇年代にかけて、国鉄の経営が悪化する中で、総合交通体系という議論が盛んであった。これは、自動車交通の発達に伴い、道路というインフラの費用を必ずしも負担していない自動車交通と、インフラを保有し、その費用を負担する鉄道との間の競争基盤の格差を公平化すべきであるという「イコールフッティング」論から来るものである。この議論は、鉄道が日本よりも早く斜陽となった欧米において大戦前から提起されたもので、コーディネーション(Coordination of Transport)、つまり交通調整の問題として取り扱われた。この交通調整が、日本における総合交通政策論の発端であったといえる。

これに対し、今日、海外で主流となっている交通政策論は、インテグレーション(Integrated Transport Policy)、直訳すれば統合された交通政策である。以下では、「統合的交通政策」としておこう。

統合的交通政策という概念を提示したのは、イギリスのブレア労働党政権が一九九八年に公表した「イギリス交通白書(New Deal for Transport: Better for Everyone)」である。そこでは、「異なるタイプの交通間の連携のほか」、「環境との連携」、「土地利用計画との連携」、「教育、健康及び富の創造のための施策との連携」の四つの連携が政策目標として掲げられている。四点目に関しては、「交通が、より公正で参加可能な社会を実現」するという認識がある。そして、二〇〇〇年交通法（Transport Act 2000）の下、具体的な施策として、地方交通計画（Local Transport Plan、以下ＬＴＰ）の導入が提案され、実行に移されたのである。

ＬＴＰの特徴は、①自動車から公共交通や徒歩、自転車への転換を強く意図していること、②地方交通当局に対し、交通計画策定や予算の配分に関するより大きな権限や自由度を与えていること、③交通計画と土地利用計画との連携を重要視していること、④計画策定にあたり多くの関連主体の参加を義務づけていること、と要約できる。[4]

イギリスのこうした政策が、実際にどの程度機能しているかどうかは別途検討する必要があるが、二〇〇一〜〇五年度の第一ラウンド、二〇〇六〜一〇年度の第二ラウンドを経て、現在二〇一一〜二六年度の第三ラウンドが策定されていることから考えると、一定の役割を果たしていることは間違いない。

例えば、イギリス中部の地方都市、ノッティンガム市の報告書では、第三ラウンドのＬＴＰの策定にあたり、第一・第二ラウンドのＬＴＰの成果として、ＬＲＴ（次世代型路面電車）の導入や、総合的かつ統合的なバスのネットワーク（comprehensive and integrated bus network）で利用者を伸ばしているなど、と述べられている。[5] 先に述べた健康という観点では、第三ラウンドのＬＴＰが必要な理由の一つとして、交通投資を行わないと「肥満や寿命の短縮を助長する健康格差」が発生しかねないといった趣旨が書かれている。

つまり、イギリスの統合的交通政策は、交通調整を越えた社会的施策も意識し、これらを統合したものであり、わが国において、未だ確立できていない政策であるということができる。言い換えれば、交通政策基本法下のこれからの交通政策は、一つのモデルとして、イギリスのＬＴＰのような統合された政策が求められるといえる。

†交通政策基本計画の課題

交通政策基本法では、ある意味、こうした統合的交通政策の視点が盛り込まれている。すなわち、第一章の総則において、交通による環境への負荷の低減（第四条）、交通の適切な役割分担及び有機的かつ効率的な連携（第五条）、連携等による施策の推進（第六条）といった条文がある。また、第二章二節の「国の施策」として、総合的な交通体系の整備等（第二四条）、まちづくりの観点からの施策の促進（第二五条）といったことが明記されている。したがって、交通政策基本計画は、これらの統合的交通政策を意識した計画となっている。交通計画づくりを担う人材の育成にも触れられている。

しかし、総花的な計画が結果的に実効性を持たないという事例は枚挙にいとまがない。そこで、上記の五つの条文にかかる部分に焦点を絞って、今後、わが国において統合的交通政策を実現するための戦術について若干の提案をしたい。

まず第一に、かつての総合交通政策でとりあげられた鉄道と道路交通の「イコールフッティング」に基づく施策である。具体的には、インフラ施設を含めた事業として鉄道が採算性を求められるという道路交通との差別を解消するための財源措置である。

海外の場合、一九六〇年代から自動車の鉱油税を公共交通整備に利用したドイツをはじめ、アメリカにおいても道路の財源が公共交通に充てられているなど、一定のイコールフッティングが意識され、公共交通という選択肢が提供されてきた。

これに対し、日本では一部の地方鉄道で「上下分離」が行われているが、全体としてみれば、鉄道のインフラは、事業者の保有と管理に任せるべきという意識があり、未だ公的支援を必要とするような鉄道は無駄だという考え方から脱却できていない。例えば、神戸市という大都市圏で、年間六六〇万人が利用者し、減価償却前では収支が見合う神戸電鉄粟生《あお》線（鈴蘭台―粟生）が、インフラの維持管理費用の負担のために、廃線を迫られている。海外の常識からは考えられないことである。

それでも、一般財源を広く交通全体に充当することは必ずしも容易ではない。このような従前の社会通念を取り払うためにも、道路に限らず公共交通は、公共財に準じる社会資本であるということを明記し、それぞれのモードが適切な役割分担を担い、豊かな社会を支える選択肢として維持管理できるようにする必要がある。[6] そもそも、多くの人やモノが公共交通によって運ばれることで、道路空間に余裕が生まれ、自動車の快適な利用も可能になる。その意味では自動車の利用者が公共交通の整備の財源を負担することは受益者負担にも適うものである。むしろ、受益者負担を明確にして財源管理を行うために、日本でもかつて議論のあった「総合交通会計」のような別管理の会計制度も一つの案であろう。

さらに、公的な支えによりインフラを所有することの重石を切り離す「上下分離」がなされれば、むしろ鉄道はより良いサービス事業を展開できることになる。「上下分離」はぎりぎりの選択肢というわけではなく、日本にある既存の鉄道ネットワークを有効利用する方法でもある。これは、地方鉄道だけではなく、ＪＲグループの鉄道会社においても今後検討すべき課題であろう。

第二に、環境への負担の軽減と交通の適切な役割分担という観点からは、自動車に過度に依存した日本の現状を変える具体的な施策を提示していくことである。これまでも公共交通や歩行者重視政策は打ち出されてきたが、実際には、自動車の一車線を削減することすら困難な場合が多い。地元で反対する人がいる、渋滞が悪化する、公安委員会が許可しないなど、議論が繰り返され、計画に実効性を持たせることができないでいる。

路面電車やバスと歩行者の専用道路であるトランジットモールの実現、都心部の駐車場抑制と課金の強化等など、海外では当たり前の施策を具体的に織り込むとともに、交通分担率に対しても数値目標も持たせることで、自動車から公共交通へのシフトを明確に誘導できる計画にする必要がある。そのためには、道路交通を管理する警察も考え方を変えてもらう必要がある。ちなみに、イギリスの交通白書は、道路利用者への課金に頁を割いており、実際にロンドンで混雑税が導入された。

第三に、「交通の有機的かつ効率的な連携」という点も、連携が取れていない都市内交通の現実を踏まえ、従来の競争政策の転換にまで踏み込む必要がある。第五条の条文には、「交通手段の選択に係る競争及び国民等の自由な選好を踏まえつつ」とあるが、「競争」と「連携」は、時には相矛盾する。「競争」には民間の活力を活かしたサービスの改善、価格の低下といったメリットがあることは確かであるが、都市内交通に限っていえば、公共交通と自家用車の間という競争がある中、公共交通事業者同士の競争が良い結果をもたらすとは言えない。イギリスでは、サッチャー政権下でのバスの規制緩和による混乱の反省から、一九九八年の交通白書が生まれている。

地域公共交通網形成計画の策定により、乗合バス事業者間の路線再編やダイヤ調整が各地で始まるものと思われるが、地域公共交通活性化・再生法の改正に当たり衆参両議院の付帯決議でも明記された「初乗り運賃制について検討を行い、共通乗車船券やゾーン運賃等の導入を行う」[7]ことはもっと具体的に進められるべきであろう。

公営交通への民間事業者の参入など、民間事業者のアイディアと効率性を活かす施策は今後も進める必要があるが、諸外国で常識ともなっている利用者目線に立った具体的な連携施策を例示し、民間の事業者の知恵を活かす形でこれらの施策を促すような基本計画が求められる。

第四に、「連携等による施策の推進」にあたって実効性をもたらすために、関連する複数の地方公共団体の連携をしっかり担保する施策である。交通は、必ずしも一つの行政区域では完結しない。都市計画においても、病院やショッピングセンターの立地は広範な影響をもたらす。隣接する都市が市の境界付近で開発を進めれば、コンパクトシティ政策は機能しなくなるため、交通の再編、都市機能の再配置は行政区域を越えて考えなければならない。もちろん、地方公共交通団体間の利害関係が一致するとは限らず、調整に手間取るだろう。

したがって、計画の策定に関しては、広域での計画策定を積極的に促し、地方公共団体間の調整について、都道府県や国が、時として積極的に介入できるような戦術も必要である。この介入に対し、地域主権に反するという批判があるかもしれないが、地域イコール市町村ではない。「市町村の仕事だから」といって責任を逃れる傾向にある国や都道府県には、しっかりと責務を担ってもらう必要がある。そのための人材育成が重要であることは、繰り返し述べてきたとおりである。

第五は、それら施策の連携の鍵となる各主体の負担の明確化である。とりわけ、オペレータである交通事業者は、収益をもたらす施策でなければ、自ら協力し事業に参加する動機づけ（インセンティブ）を持たない。一方、日本の現状は、バリアフリー化にせよ、通学割引にせよ、本来、福祉政策や教育政策として実施すべきものが、交通事業者の自発的な負担に依存する形で実現している。

上記三点目として述べた共通運賃制も、複数の交通事業者の初乗り運賃を回避できる制度を作ろうとすれば、初乗り加算分が減収となる。このとき、減収分を事業者が負担することになれば、事業者にはメリットがなくなり、こうした制度の導入が難しくなる。交通政策にどこまで公的な資金を投じるかは、都市によって異なるとしても、統合的交通政策を一定の公的な支えに基づいた施策として明確化したうえで、路線やダイヤ、運賃などの具体的な設定のアイディアを事業側から引き出すことが、戦術としては重要であろう。

†住民の役割

最後に住民・市民の役割にも触れておきたい。STOの主体は、公的当局と交通事業者、それにそこに住む人々（people）である。ヴァンデヴェルデのオリジナルのモデルでは、住民は民主政治という枠組みで、公的当局の戦略を導くという立場にある。日本の地方政治が交通に関心をもって具体的な戦略を練ることができるのか、現状をみるとやや不安はあるが、この点については、民主政治そのものの議論となるので、ここでは立ち入らない。

ただ、交通まちづくりにおける住民の役割を考えるとき、戦略策定を委ねるだけではなく、自らが戦略目標に向けた施策を企画し、提案することも求められる。交通政策基本法においても、第一一条に「国民等は、基本理念についての理解を深め、その実現に向けて自ら取り組むことができる活動に主体的に取り組むよう努めるとともに、国又は地方公共団体が実施する交通に関する施策に協力するよう努めることによって、基本理念の実現に積極的な役割を果たすものとする」とある。

毎日の暮らしであくせくしているとき、住民自身が「基本理念について理解」を深める暇はないかもしれない。ともすると、「クルマに慣れてしまったので仕方がない」といった思いになることもあると思う。まちづくりが短期的な効果を見いだせない以上、「所詮賑わいは戻らない」という声も出てこよう。けれども、そうした刹那的な考え方では、我々の子孫に住みやすい地域を残すことはできない。自分たち自身の一〇年後を考えても、今までのやり方では立ち行かないことは見えている。これからは我々一人一人の意識を変えていかなければならない時代である。

日々の生活に最も近い交通であるバスは、既に住民の責任が問われている。民間事業者によるバスの経営があちらこちらで行き詰まり、路線廃止が進む中で、バスについては民間事業者に全て頼ることは既に困難になっている。市町村が主体となって、廃止代替や交通空白地を埋めるべく、コミュニティバスを登場させたが、こちらも本書で述べたとおり、かならずしも上手く行かない。

そうした中で、成功しているケースは、住民主導で実現したコミュニティ交通である。

本書でも述べた「生活バスよっかいち」や「清原さきがけ号」などがそれにあたる。モビリティ・マネジメント運動によって、研究者などとタイアップしながら住民主導を実現しているケースも広がっている。[8]身近な交通を住民が路線やダイヤを自ら企画し、公的主体と民間事業者はそのサポート役に徹するような形は、一つのあるべき姿であろう。

　こうした取組みが進めば、都市の基幹軸となるようなＬＲＴやＢＲＴの議論にも変化が出るに違いない。日本でＬＲＴやＢＲＴが諸外国のように実現できていない一つの理由に、住民の反対がある。これには、自動車の車線が削られることで、自家用車に慣れた日常生活や経済活動が脅かされるという誤解もあるが、公的主体が関わるプロジェクトということ自体に不信感があるということも否定できない。

　宇都宮市のＬＲＴにおける「ＬＲＴに反対する会」の市民も、新潟でＢＲＴ反対を続ける「市民オンブズマン」も、交通システムに反対するというだけではなく、行政が主導することに反対しているのかもしれない。そうであれば、住民側も自らのまちづくりのビジョンを主導的に描く必要がある。そこで、住民と行政がしっかり話し合えば、議論も収束方向がみえてくるように思われる。

　ともすると、住民運動は、民間事業者や行政に、現状の不満をぶつけ、要求を繰り返すということになりがちであった。一方、サイレントマジョリティとなる一般の住民は、日々の暮らしの中で、中長期の視野を持てないでいた。けれども、高齢化が進み、人口が減少する中で、豊かな生活をどのように実現していけばよいのか、最終的には住民が自ら考えることである。祭りやイベント、その他さまざまなコミュニティ活動に住民が積極的に関わり、まちづくりを進めている事例は増えている。

交通という側面からも、住民主導の活動は少しずつ広がりを見せ始めている。人と人の間をつなぐ交通のあり方が、まちづくりにとって重要な要素である以上、住民が、行政、交通事業者とともに協働していかなければいけない。交通やまちづくりのあり方が大きく変わるこれからの時代、住民が重い役割を担っているのである。

おわりに

本書の企画が具体化したのは、二〇一三年初めである。前年の春には青森県の十和田と長野県の松代で鉄道が廃止となり、秋には本書でも触れた井笠鉄道バスの突然の破綻があった。地域再生が謳われながらも、地域が疲弊していく裏には交通の問題がある。そんな問題意識からこれまでもいろいろと発言してきたが、一般の人々は地域公共交通に対してほとんど関心がない。それなりに社会的に影響力がある人たちも、自動車通勤であればそもそも公共交通に縁がない。二〇一二年一一月、筆者もわずかながら議論に加わった交通基本法が成立直前に国会解散で廃案になったときはさすがにショックだった。そして、ちょうど同じ時期、交通まちづくりの市民活動を主導してきた内田敬之氏の訃報が入った。本書は、そうした絶望的な気分の中で、何とか希望の火を探すつもりで書き始めたものである。

ただ、さすがに世間も事態の悪化を看過できなかった。人口が否応なく減少を続ける中、

「地方消滅」といった言葉で日本全体に危機感が広がり、一方で交通政策基本法の成立、関連法律の改正が実現するなど、新たな動きが出始めた。本書の執筆中、次々と施策が打たれ、各地のプロジェクトも少しずつ進展したため、当初の不満と批判に満ちた原稿をある程度書き改めることもできた。

とはいえ、「地方創生」という言葉の流行には一抹の不安がある。「地方創生」というお題目で、お金をばらまき、総花的な施策を繰り返しても事態は改善しない。若者のクルマ離れが言われるが、各地の都市計画をみていると今なお自動車通行が優先され、駅前広場には大仰なペデストリアンデッキが全国一律で建設されている。駅のバス停と道を挟んだ向い側にある駅前商店街の間に「横断禁止」という看板が並ぶ歩きにくい街では、なかなか賑わいも生まれない。

横並びになりがちなお役所仕事の「地方創生」は、交通以外でも気になることが多い。たとえば、「地方創生」のメニューの例にプレミアム付き商品券があげられているが、各自治体が「横並び」でこれを導入したとき、果たして「地方創生」になるのだろうか。昨今流行りのご当地「ゆるキャラ」なども、各地域がその効果をしっかり検証しているのか、甚だ心もとない。本書では触れることができなかったが、自治体経営をしっかり分析する

「シティ・マネジメント」といった手法も有用であろう。

地域再生に向けたアプローチは一つではない。本書では筆者の専門である交通という側面を中心に書いたが、商店街の問題一つ取ってみても、既存の書物で指摘されているとおり、かなり根は深い。さまざまな分野で地道に活動されている方には、頭が下がる思いである。

ただし、一過性のイベントではいけない。交通だけで世の中が変わるわけではないが、交通という経済社会の血流をインパクトをもって変え、そこから人々のライフスタイルを徐々に変化させることで新たなまちづくりを行うというアプローチがある。このことを読者に知ってもらいたい。そして、多くの人がまちづくりの夢を語り合える社会になってほしいと思う。

いつもながら本書の執筆にあたっては、多くの人にお世話になった。全ての方のお名前を記すことはできないが、まずもって、筆者を実践的な交通まちづくり活動に導き、交通政策基本法の成立前にこの世を去った内田敬之氏の墓前に本書を捧げたい。また、草稿段階でコメントをいただいた筑波大学の谷口守氏、地域公共交通総合研究所の服部重敬氏、兵庫県の本田豊氏、医師の早船徳子氏には格別の御礼を申し上げたい。水戸市で市民活動を続ける早船氏からは写真も提供いただいた。

さらに、毎月の例会で多くの知見をいただいている交通学会関西部会（常務理事・西村弘）の先生方、関西鉄道協会・都市交通研究所（所長・斎藤峻彦）の各委員の皆様、日本交通政策研究会・低炭素交通研究グループ（主査・秋山孝正）、同都市園交通政策研究グループ（主査・松澤俊雄・石田信博）、人と環境にやさしい交通をめざす協議会・交通まちづくりの広場（代表幹事・竹内佑一）、関西ＬＲＴ実現研究会（事務局長・山室良徳）の各メンバーの皆様にもこの場を借りて感謝したい。

最後に、本書執筆のきっかけを作ってくださった筑摩書房の鎌田理恵氏、予定より遅れた執筆を辛抱強く待ち、本書の完成にご尽力いただいた筑摩書房の橋本陽介氏にも御礼を申し上げる。

注

第一章

1 小嶋光信「井笠鉄道の破綻は井笠鉄道だけの問題ではない！―井笠鉄道バス路線再建案―」両備グループ・ホームページ（二〇一二年一一月二日一六時四六更新、Ver. 3）

2 小嶋光信・森彰英（2014）一〇七頁。

3 広井良典（2011）七七頁。

4 広井良典（2011）七七頁。

5 茨城新聞二〇〇一年五月二二日。

6 内閣府（2013）一九〇頁。なお、DIDは国勢調査統計上の人口集中地区の区分名称で、総務省では「原則として人口密度が一平方キロメートル当たり四〇〇〇人以上の基本単位区等が市区町村の境域内で互いに隣接して、それらの隣接した地域の人口が国勢調査時に五〇〇〇人以上を有する」地域としている。

7 人口一〇万人当たりの交通事故死者数（三〇日以内）を二〇一一年のデータで比較すると、国際道路交通事故データベースにデータがある三〇カ国のうち、日本は四・三人で九位となっている。イギリス、オランダ、北欧諸国といったところが上位を占めるが、ドイツは四・九人と日本よりも高い。しかし、六五歳以上の高齢者の割合は人口構成比で二三・三％なのに対し、交通事故死者数の構成比では五〇・三％となり、他国に比べて圧倒的に高い。例えば、同様に高齢者の割合が二〇・六％と高いドイツで交通事故死者における六五歳以上の構成比二六・〇％である（データは、いずれも『平成二五年版交通安全白書』に拠る）。

第二章

1 コンテスタビリティ市場理論の登場である。関心のある読者は、産業組織論の教科書等を参照していただきたい。

2 宇都宮ほか（２００５）参照。

3 大井（２００９）参照。

4 万葉線の再スタートについては、宇都宮（二〇〇三）、森栗編（二〇一三）にその経緯が詳しく述べられている。

5 本書で述べる「上下分離」は、線路や施設などのインフラ部分（下）の所有が、実際の運行サービス（上）を提供する会社から分離された状態を意味する。その場合も、インフラの維持管理自体は実質的に運行サービス会社によって行われる。

6 鈴木（２０１３）二三二頁。

7 豊田都市交通研究所（２００９）参照。

第三章

1 日本では、一九八六年に「交通権学会」が設立されている。なお、交通権学会編（２０１１）『交通基本法を考える』（かもがわ出版）では、フランスのＬＯＴＩを直訳して「国内交通方向付け法」としているが、本書では一般に使用されている「国内交通基本法」を用いている。

第四章

1　太田（２００８）一三七頁。

2　交通まちづくり研究会編（２００６）二頁。

3　交通まちづくり研究会編（２００６）三頁。

4　Plan（計画）、Do（実施・実行）、Check（点検・評価）、Act（処置・改善）の四段階を繰り返し行うこと。

5　土木学会（２００５）一頁。

第五章

1　二〇一四年一月二四日「第百八十六回国会における安倍内閣総理大臣施政方針演説」

2　平成二二年国勢調査。

3　二〇一四年三月、自動車検査登録協会調べ。

4　富山市は、二〇〇六年初の時点では、日本海側の諸都市を結ぶ幹線のＪＲ北陸本線のほか、富山と岐阜を結ぶＪＲ高山本線、富山から海沿いの岩瀬浜を結ぶＪＲ富山港線、富山から宇奈月温泉、立山などを結ぶ富山地方鉄道の各鉄道路線、それに同じく富山地方鉄道が運行する路面電車の市内線があった。その後、二〇〇六年春にはＪＲ富山港線が廃止され、それを代替する形で富山ライトレールが運行を開始するとともに、二〇〇九年末には、富山地方鉄道の市内線を結ぶ形で富山市が建設・保有する環状線ができた。さらに、二〇一五年三月以降は、北陸新幹線が開通するとともに、以前の北陸本線は、並行在来線として富山県や沿線市町村も出資する第三セクター「あいの風富山鉄道」が運行している。

5　ＴＢＳテレビ「噂の！東京マガジン」二〇〇七年七月二二日。

6　みちのりホールディングスは、産業再生機構のＣＯＯであった冨山和彦氏が代表を務める（株）経営共創基盤が一〇〇％出資する持株会社で、傘下には関東自動車のほか、福島交通、岩手県北バス、茨城交通、会津バスがある。これらの会社はいずれも一旦は経営破綻した地方のバス会社である。

7　環境省地球環境局「地球温暖化対策とまちづくりに関する検討会」報告書資料集。なお、ワースト1は、第一章で触れた水戸市、ワースト2は、山口市である。

8　新潟市（２０１０）「新潟にふさわしい新たな交通システムはなんだろう!?」

9　経緯については、髙橋（２００４）参照。

10　野木（２０１２）五四頁。

第六章

1　本章の内容の基礎となった分析は、宇都宮（２０１４）及び宇都宮・青木（２０１５）を参照。

2　例えば、フランスのストラスブールの交通まちづくりを紹介したヴァンソン藤井（２０１１）は、歴代の市長へのインタビューも含み、示唆に富む内容となっている。

3　総務省統計局「世界の統計二〇一四」。

4　ドイツのデータは二〇〇八年、日本は東京都市圏が一九九八年、京阪神都市圏が二〇〇〇年、宇都宮市は二〇一〇年である。なお、ここで自動車という場合、自分で運転する場合に加え、他人の運転に同乗するケースも含まれる。

5　ドイツの場合、二〇〇八年と二〇〇二年を比較すると、自動車の比率は二％ポイント低下したのに対し、宇都宮市は一九九九年の自動車の割合は平日と休日の平均で五八％で、その割合は一〇％ポイント程度上昇したことになる。

6　普及しているシステムは、トランスロールと呼ばれるもので、一見すると通常のトラムと何ら変わらず、機能としてもＬＲＴとほぼ同じである。ゴムタイヤを利用するため、車両の重量が軽くできる、勾配に強い、急カーブに対応できるという利点があり、フランスでは、ゴムタイヤのミシュランの本社があるクレルモン・フェラン市など四都市、イタリアでは二都市、中国でも二都市で採用されている。

7　以下の分析内容の詳細は、宇都宮（２０１４）参照。

8　CERTU, La mobilité urbaine en France 参照。

9　Buehler, R. and J. Pucher（2012）参照。

10　二〇〇八年のデータで算出。

11　財務省ホームページ http://www.mof.go.jp/tax_policy/summary/consumption/133.htm 参照。

12　データはフランスが二〇〇六年、ドイツ、日本が二〇〇八年のもので、出典は、それぞれ INSEE, “Données detaillées de l'enquête Budget de famille”、Statistisches Bundesamt, “Wirtschaftsrechnungen Einkommens- und Verbrauchsstichprobe Aufwendungen privater Haushalte für den Privaten Konsum”、総務省統計局「家計調査」。

13　国土交通省資料 http://www.mlit.go.jp/singikai/infra/toushin/images/04/038.pdf を参考にしている。

14　フランス交通法典 L1221-12条（Code des transports - Article L1221-12）。

第七章

1　具体的には、一日一回以上外出する人と一週間に一回しか外出しない人を二年間追跡して、それぞれの障害の発生リスクを算出している、詳細は、東京都老人総合研究所（２００７）参照。

2　久野（２０１３）参照。

3　Crossrail Ltd.（2005）の試算に拠る。なお、その後再推計したColin Buchanan and Partners Limited（2007）では、利用者便益が一一八億ポンドであるのに対し、幅広い便益は標準推計で二二四億ポンドになると試算されている。

4　スターンは社会的割引率を低く設定したとの批判に対して、「長期の便益を重視しなければならない」と反論している（環境省『平成二二年版環境白書』参照）。

5　$21=\frac{1}{1+0.04}+\frac{1}{(1+0.04)^2}+\frac{1}{(1+0.04)^3}+\cdots+\frac{1}{(1+0.04)^{50}}$

第八章

1　ソーシャル・キャピタルの形成がモビリティ・マネジメントに与える効果など、主として住民の交通まちづくりへの意識との関係で分析した研究は存在する。例えば、谷口ほか（２００８）、植田ほか（２０１０）など。

2　Jacobs（1961）一四八頁（邦訳ジェイコブズ（２０１０）一六二頁）。なお、邦訳では、ソーシャル・キャピタルを社会資本と訳しているが、本書ではそのままソーシャル・キャピタルとしている。

3　ＯＥＣＤは、「グループ内部またはグループ間での協力を容易にする共通の規範や価値観、理解を伴ったネットワーク」と定義し、世界銀行は、「社会的なつながりの量・質を形づくる制度、関係、規範であり、社会を支えている制度を単に集めたものではなく、それら制度を結びつける接着材である」としている（ＯＥＣＤ、世界銀行の各ホームページを参照）。

4　稲葉（２０１１）二七頁。

5　稲葉（２０１１）参照。

6　Putnam, R.D.,（2000）, Bowling alone（柴内康文訳（２００６）『孤独なボウリング』柏書房）

7　Currie, G. & J.Stanley（2008）参照。

8　日本のソーシャル・キャピタルの現況については、坂本（２０１０）の記述を参考にしている。

9　日本総合研究所（２００８）一七頁。

10　各指標の基準化は、「（各都道府県値－平均値）／標準偏差」の算式

11　首都圏、中京圏、近畿圏それに地下鉄のある都道府県などを除いた32県である。

12　乗合バスのサービス水準についてはバスの走行キロを用いており、自動車保有台数とともに各県の人口で除した一人当たりの値で計算している。分析結果の詳細は、宇都宮（２０１５）。

13　このほか、ソーシャル・キャピタルの形成には、当然のことながら、交通以外の要因も影響を与えると考えられる。実際、本稿で紹介した分析では、教育水準を示す文科省の全国学力テストの成績が「つきあい・交流指数」、「社会参加指数」との間にプラスの関係があるという結果になっている。

14　実施時期は、二〇一五年一月。有効回答数は四七一（回収率三六％）である。アンケートの詳細は宇都宮（２０１５）。

15　富山ライトレールの乗車頻度を答えた回答のうち、月に一回以上と答えた人の割合はちょうど五割となっている。

第九章

1　産経ニュース二〇一四年五月二三日　http://www.sankei.com/region/news/140523/rgn1405230061-n1.html

2　太田・藤井（２００７）参照。

3　European Commission (2011) "White Paper: Roadmap to a Single European Transport Area – Towards a competitive and resource efficient transport system" p.9

4　ＬＴＰの特徴の要約は、加藤ほか（２００７）に依拠している。

5　Nottingham City Council（2011）参照。

6　経済学的には、純粋公共財は、非競合性（ある人の消費が他の人の消費と競合しないこと）、排除不可能性（消費に見合った対価の支払いを行わない人を排除できないこと）の２つの条件を満たす必要があるが、公共交通の場合、運賃を支払わない人の利用を排除できるという意味で「排除可能」であり、純粋公共財とはみなされない。

7　第一八六回国会、衆議院国土交通委員会（平成二六年四月一五日）及び参議院国土交通委員会（平成二六年五月一三日）の「地域公共交通の活性化及び再生に関する法律の一部を改正する法律案に対する附帯決議」に拠る。

8　森栗編（２０１３）には、本書で述べた京都府京丹後市や富山県高岡市のほか、神戸市、淡路島、山口市、北海道当別町の事例が紹介されている。また、各地で広がる取組みは、「地域公共交通優良団体国土交通大臣表彰」の受賞団体の活動からも知ることができる。（http://www.mlit.go.jp/sogoseisaku/transport/sosei_transport_tk_000042.html）

crossrail.co.uk/benefits/wider-economic-benefits/
Currie, G & J. Stanley（2008）“Investigating Links between Social Capital and Public Transport,” Transport Reviews, Vol.28（4）
Jacobs, J.（1961）“The Death and Life of Great American Cities,”（山形浩生訳2010『アメリカ大都市の死と生』鹿島出版会）
Nottingham City Council（2011）“Nottingham Local Transport Plan Strategy 2011-2026”
Putnam, R. D.（2000）”Bowling alone: The collapse and revival of American community,”New York: Simon & Schuster（柴内康文訳2006『孤独なボウリング——米国コミュニティの崩壊と再生』柏書房）

小嶋光信・森彰英（2014）『地方交通を救え！—再生請負人・小嶋光信の処方箋』交通新聞社新書
坂本治也（2010）「日本のソーシャル・キャピタルの現状と理論的背景」『ソーシャル・キャピタルと市民参加』関西大学経済・政治研究所研究双書第150冊
鈴木文彦（2013）『日本のバス—100余年のあゆみとこれから』鉄道ジャーナル社
髙橋愛典（2004）「非営利組織によるバス運行の展望—日本における先駆的事例の分析を通じて—」『交通学研究2003年研究年報』第47号
谷口守・松中亮治・芝池綾（2008）「ソーシャル・キャピタル形成とまちづくり意識の関連」『土木計画学研究・論文集』Vol.25
東京都老人総合研究所（2007）『老人研 NEWS』No.219
土木学会土木計画学研究委員会　土木計画のための態度・行動変容研究小委員会（2005）『モビリティ・マネジメント（MM）の手引き～自動車と公共交通の「かしこい」使い方を考えるための交通施策～』（社）土木学会
豊田都市交通研究所（2009）「自治体バス（コミュニティバス）の実態および評価に関する調査報告書」
内閣府政策統括官（経済財政分析担当）（2012）『地域の経済2012－集積を活かした地域づくり－』
日本総合研究所（2008）「日本のソーシャル・キャピタルと政策～日本総研2007年全国アンケート調査結果報告書～」（http://www.osipp.osaka-u.ac.jp/npocenter/scarchive/sc/file/report01.pdf）
野木秀康（2012）「上限200円バスの取組と過疎地域の公共交通担当者が感じる雑感について」『「スマートまちづくりフォーラム in 水戸」論集』人と環境にやさしい交通をめざす協議会
広井良典（2011）『創造的福祉社会』ちくま新書
森栗茂一編、猪井博登・時安洋・野木秀康・大井元揮・大井俊樹（2013）『コミュニティ交通のつくりかた　現場が教える成功のしくみ』学芸出版社
Buehler, R. and J. Pucher（2012）“Demand for Public Transport in Germany and the USA: An Analysis of Rider Characteristics,” Transport Reviews, Vol. 32（5）
Collin Buchanan & Partners Limited（2007）“The Economic Benefits of Crossrail,”http://volterra.co.uk/wp-content/uploads/2013/02/Economic-Benefits-of-Crossrail.pdf
Crossrail Ltd.（2005）“Economic Appraisal of Crossrail,”http://www.

参考文献（本文で引用または依拠した主な文献）

稲葉陽二（2011）『ソーシャル・キャピタル入門』中公新書

植田拓磨・神田佑亮・山東信二・谷口守（2010）「ソーシャル・キャピタル形成がモビリティ・マネジメントに及ぼす効果」『交通工学論文報告集』Vol.30

宇都宮浄人（2003）『路面電車ルネッサンス』新潮新書

宇都宮浄人（2012）『鉄道復権』新潮選書

宇都宮浄人（2014）「ドイツの地域公共交通に関する実証分析―需要関数の推計と考察―」『交通学研究』第57号

宇都宮浄人（2015）「地域公共交通とソーシャル・キャピタルの関連性」関西大学経済学会 Working Paper Series J-40

宇都宮浄人・青木亮（2015）「フランスの地域公共交通需要の動向と特徴」『交通学研究』第58号

宇都宮浄人・宮沢康則・藤井憲男・小山徹・白井誠一・曽田英夫・西田敬（2005）「100円バス導入の実態と効果―事業者アンケートによる実証分析」『運輸政策研究』Vol.8、No.3、第30号

ヴァンソン藤井由美（2011）『ストラスブールのまちづくり：トラムとにぎわいの地方都市』学芸出版社

大井尚司（2009）「乗合バス事業における規制緩和の影響に関する定量的一考察―費用面の分析から―」『交通学研究2008年研究年報』第52号

太田勝敏（2008）「『交通まちづくり』の展開と課題、方向性」『IATSS Review（国際交通安全学会誌）』 Vol.33、No.2

太田裕之・藤井　聡（2007）「環境配慮行動における客観的CO_2排出削減量―事実情報提供の効果に関する実験研究―」、『土木学会論文集G』, Vol.63, No.2,

加藤浩徳・堀健一・中野宏幸（2000）「英国における地方レベルの新たな交通システム―Local Transport Plan の導入と実態―」『運輸政策研究』第3巻、第2号

久野譜也（2013）「ICT と超高齢化対応の『健幸都市』−Smart Wellness City による健康長寿世界一の実現を目指して−」総務省第２回ICT 超高齢社会構想会議ＷＧ資料2-4

交通権学会編（2011）『交通基本法を考える　人と環境にやさしい交通体系をめざして』かもがわ出版

交通まちづくり研究会編（2006）『交通まちづくり－世界の都市と日本の都市に学ぶ』交通工学研究会、2006年

ちくま新書
1129

地《ち》域《いき》再生《さいせい》の戦略《せんりゃく》
——「交通《こうつう》まちづくり」というアプローチ

二〇一五年 六 月一〇日 第一刷発行
二〇二三年一〇月 五 日 第三刷発行

著　者　宇都宮浄人（うつのみや・きよひと）

発行者　喜入冬子
発行所　株式会社 筑摩書房
東京都台東区蔵前二-五-三 郵便番号一一一-八七五五
電話番号〇三-五六八七-二六〇一（代表）
装幀者　間村俊一
印刷・製本　三松堂印刷 株式会社

ISBN978-4-480-06832-3 C0231

ちくま新書

853 地域再生の罠
——なぜ市民と地方は豊かになれないのか？
久繁哲之介
活性化は間違いだらけだ！　多くは専門家らが独善的に行う施策にすぎず、そのために衰退は深まっている。このカラクリを暴き、市民のための地域再生を示す。

1027 商店街再生の罠
——売りたいモノから、顧客がしたいコトへ
久繁哲之介
「大型店に客を奪われた」は幻想！　B級グルメ、商店街を利用しない公務員、ゆるキャラなど数々の事例から、商店街衰退の真実と再生策を導き出す一冊。

992 「豊かな地域」はどこがちがうのか
——地域間競争の時代
根本祐二
低成長・人口減少の続く今、地域間の「パイの奪いあい」が激化している。成長している地域は何がちがうのか？北海道から沖縄まで、11の成功地域の秘訣を解く。

941 限界集落の真実
——過疎の村は消えるか？
山下祐介
「限界集落はどこも消滅寸前」は嘘である。危機を煽り立てるだけの報道や、カネによる解決に終始する政府の過疎対策の誤りを正し、真の地域再生とは何かを考える。

937 階級都市
——格差が街を侵食する
橋本健二
街には格差があふれている。古くは「山の手」「下町」と身分によって分断されていたが、現在もその構図は変わっていない。宿命づけられた階級都市のリアルに迫る。

649 郊外の社会学
——現代を生きる形
若林幹夫
「郊外」は現代社会の宿命である。だが、その輪郭は捉え難い。本書では、その成立ちと由来を戦後史のなかに位置づけ、「社会を生きる」ことの意味と形を問う。

1059 自治体再建
——原発避難と「移動する村」
今井照
帰還も移住もできない原発避難民を救うには、江戸時代の「移動する村」の知恵を活かすしかない。バーチャルな自治体の制度化を提唱する、新時代の地方自治再生論。